子どものこころを育む発達科学

発達の 理解・問題解決・支援 のために

内山伊知郎
青山謙二郎
田中あゆみ

編著

北大路書房

はじめに

　最近，少子化高齢化が進み，社会では発達に関するさまざまな問題が増加している。教育現場ではいじめや不登校などの不適応に関する問題，あるいは理科離れなどやる気や動機づけの問題が生じている。また，子育てに悩む母親が増え，子どものしつけや家庭環境に関する指針を求めている。さらに，発達障害の子どもに対する適切な対応も重要な課題となっている。こうした問題に関する対処の仕方は，従来，祖父母から受け継がれてきたが，最近は核家族化が進み，祖父母との関係が疎遠になりがちで，身近な相談者となりにくいのが現状である。

　近年，発達心理学，学習心理学，教育心理学，発達臨床心理学などの進歩は目覚しく，旧来の問題解決に新たな視点を取り入れ，新時代を拓くといえる「こころを育てる科学」となっている。同志社大学では，2005年に「こころの生涯発達研究センター」を設立し，これらの問題を多面的，総合的に解決するべく取り組んでいる。大学は閉じた研究機関ではなく，むしろ社会問題を積極的に研究し，広く情報として発信していくべきと考え，社会と連携して貢献となる活動を目指している。本書は，その目的のために，日ごろ研究センターに協力していただいている研究者に執筆を依頼し，現代の社会で問題となる発達現象をとりあげ，その基礎知識と最先端の知見を集積したものである。

　第1部では，成長のしくみを理解するために，発達心理学について論じている。第1章では，子どもが自ら環境に主体的に働きかける重要性を指摘し，子どもを取り巻く環境の重要性を論じている。第2章では，社会の一員として必要とされる向社会性の習得について解説している。第3章では，発達の要因として古くから議論されてきた遺伝と環境の問題をとりあげ，幼少期の体験の重要性について再吟味している。

　第2部では，学びのしくみを理解するために，学習心理学と教育心理学の知見を紹介する。第4章では，子どもが経験によってどのように新しい行動を身

はじめに

につけていくのかを，学習心理学の知見に基づき解説している。続く第5章と第6章では，ともに教育場面での「やる気」の問題を論じている。その中で，第5章は，なぜ無気力になるのかについて論じることで，第6章ではやる気と学習環境の関係を論じることで，いかにして子どもの「やる気」を引き出すかを考察している。

　第1部，第2部での基礎的な解説をふまえ，第3部では，発達障害やいじめ・不登校などのトピックスについて，最新の科学的知識から最前線の治療やカウンセリングまで幅広く扱っている。第7章では，発達障害に関する最新の知見を概説している。第8章では，環境ホルモンと発達障害の関係を豊富な実験事例に基づき論じている。第9章では，発達障害児に対する親の取り組み法であるペアレント・トレーニングについて事例をあげて紹介している。第10章では，小児医学の立場から発達障害児に対する音楽を利用した治療法について解説している。最後に，11章では，学校現場で問題となっているいじめや不登校について，臨床心理士の立場から解説をしている。

　本書は，発達心理学や教育心理学，保育の勉強を始める人，さらに，現場で子どもの問題に取り組む人や子どもを育てる親にもぜひ読んでいただきたいとの思いから書き著わした。これが，こころの発達の理解を深め，多くの人が抱える発達的な問題の解決そして発達の支援につながれば執筆者の喜びである。

　最後に，本企画に多大なご尽力をいただいた北大路書房の薄木敏之氏に心から感謝の意を表する。

　　　　　　　　　2008年3月　　　編集
　　　　　　　　　　　　　　　　　こころの生涯発達研究センター
　　　　　　　　　　　　　　　　　内山伊知郎
　　　　　　　　　　　　　　　　　青山謙二郎
　　　　　　　　　　　　　　　　　田中あゆみ

目 次

はじめに

第1部　成長のしくみを理解するために

第1章　乳幼児のすこやかな発達を引き出す働きかけ……………2
　1節　発達にかかわる要因　2
　2節　機能的な発達観　3
　　1　機能的な発達とは　3
　　2　はいはい開始による母親の意識変化と子どもの変化　3
　　3　「はいはい」開始と深さに対する怖れ　4
　3節　感情のコミュニケーション　6
　　1　社会的参照（social reference）　6
　　2　感情の個別性の理解　7
　4節　自己移動の訓練と心理機能の発達　7
　　1　PMD（パワード・モービリティ・ディバイス）の開発　7
　　2　障害児における移動訓練の可能性　9
　5節　乳幼児期の社会性発達　9
　　1　共感性の発達　9
　　2　乳幼児期の社会的感情の発達　11
　6節　すこやかな発達のために　12

第2章　道徳心と共感する心 ……………………………14
　1節　道徳心を育てる　14
　　1　ルール（規範）意識の発達　14
　　2　道徳心の発達　15
　2節　共感するこころを育てる　21
　　1　共感性の発達　21
　　2　役割取得能力の発達　22
　　3　罪悪感について　26
　3節　道徳心，共感するこころを育むために　27
　　1　家庭の役割について　27
　　2　学校の役割について　28
　　3　終わりに　31

第3章　三歳児神話は本当か──動物実験のデータを中心として──
　　…………………………………………………………32
　1節　はじめに　32
　2節　発達の規定因　33
　　1　環境説（経験説）　33
　　2　遺伝説（生得説）　35

　　　　　3　環境閾値説（相互作用説）　38
　　3節　初期経験に関する動物実験・観察　40
　　　　　1　刻印づけ（刷り込み）　40
　　　　　2　環境エンリッチメント（豊かな環境）　42
　　　　　3　愛着の形成と社会的隔離　45
　　4節　終わりに　48

第2部　学びのしくみを理解するために

第4章　新しい行動を身につけるメカニズム ……………………… 52
　　1節　学習の基本原理　52
　　　　　1　馴化　52
　　　　　2　古典的条件づけ（パヴロフ型条件づけ）　53
　　　　　3　オペラント条件づけ　55
　　　　　4　観察学習　57
　　2節　何が強化子となるか　58
　　　　　1　立場が上の人物が与えるとは限らない　58
　　　　　2　意図的に与えるとは限らない　59
　　　　　3　行動と無関係のものとは限らない　59
　　　　　4　刺激とは限らない　60
　　　　　5　個人ごとに異なる　60
　　3節　強化スケジュール　61
　　　　　1　固定比率強化（FR）スケジュール　61
　　　　　2　変動比率強化（VR）スケジュール　62
　　　　　3　固定間隔強化（FI）スケジュール　62
　　　　　4　変動間隔強化（VI）スケジュール　62
　　4節　オペラント条件づけとセルフ・コントロール　63
　　5節　強化の相対性　67
　　　　　1　マッチングの法則　67
　　　　　2　対比効果　68

第5章　なぜ無気力になるのか ……………………………………… 72
　　1節　子どもたちの「意欲低下」はあるのか　72
　　2節　学習される無気力　74
　　　　　1　無気力になったイヌ　74
　　　　　2　教室の中の学習性無力感　76
　　3節　無気力をもたらすもの　78
　　　　　1　失敗の原因をどう考えるか　78
　　　　　2　自己をまもる「方略」としての無気力　79
　　　　　3　「努力」の考え方の違い　81
　　4節　無気力から抜け出すために：次章に向けて　82

第6章　やる気と学習環境 ……………………………………………… 84

1節　やる気をおこす環境を心理学で探る意義　84
　　　1　経験上の事実と科学　84
　　　2　心からではなく行動から探る　86
　　2節　人間が行動するということ　87
　　　1　行動に駆り立てるもの　87
　　　2　達成動機づけ理論　89
　　　3　Maslow の欲求階層構造　89
　　　4　"やらない気"もある　90
　　3節　やる気と教室　91
　　　1　まわりの状況を把握するメカニズム　92
　　　2　教室構造が及ぼすやる気への影響　93
　　4節　やる気を高める実際的方略　98
　　　1　興味と好奇心の効力　99
　　　2　成功確率を高める　99
　　　3　適度な褒美とその効果　100
　　　4　罰の効果　102
　　　5　競争に訴える　102
　　　6　しなくてはならないことを説く　103
　　5節　終わりに　104

第3部　成長と学びの問題を解決するために

第7章　発達障害児の理解　　106

　　1節　発達障害とは　106
　　　1　非定型的発達脳　106
　　　2　行政用語としての発達障害の範囲　107
　　　3　谷間の障害　109
　　2節　学童期の発達障害　110
　　　1　自閉症（Autism）　110
　　　2　アスペルガー症候群（Asperger syndrome）　113
　　　3　注意欠陥多動性障害（Attention Deficit/Hyperactivity Disorder; ADHD）　114
　　　4　学習障害（Learning Disorders/Disabilities; LD）　116
　　3節　成人期の発達障害　119
　　　1　自閉症スペクトラム障害　120
　　　2　注意欠陥多動性障害　121
　　　3　学習障害　121

第8章　環境ホルモンと発達障害　　123

　　1節　発達障害の増加　123
　　2節　子どもを襲う化学物質　124
　　3節　環境ホルモンの出現　127
　　4節　環境ホルモンによる発達障害―動物実験が語るもの―　128

1　PCB投与による多動性　129
        2　PCBまたはSt.ローレンス川の魚を摂取したラットの衝動性　130
        3　PCB投与による記憶障害　130
    5節　甲状腺ホルモン阻害と発達障害　132
        1　方法　132
        2　結果　132
    6節　子どものこころを育むために　138

第9章　発達障害児のペアレント・トレーニング……………………141

    1節　ペアレント・トレーニングとは　141
    2節　ペアレント・トレーニングの実際　142
        1　プログラムの概要　142
        2　各セッションの内容　143
    3節　ペアレント・トレーニングは親に何をもたらすのか　154

第10章　発達障害の音楽療法…………………………………………156

    1節　発達障害と療育法　156
        1　定義と診断にまつわる問題　156
        2　さまざまな療育法と課題　158
    2節　音楽療法とは　159
        1　簡単な歴史　159
        2　定義，種類と特徴　159
        3　現代社会と音楽療法　160
    3節　発達障害の音楽療法　161
        1　目的　161
        2　理論，方法と効果　161
        3　家族療法　171
    4節　音楽療法の注意点　172
    5節　音楽療法に関する誤解　173
    6節　終わりに　173

第11章　いじめと不登校のスクールカウンセリング………………175

    1節　スクールカウンセリングの構造　175
    2節　いじめと不登校　177
        1　いじめの現状　177
        2　不登校の現状　180
    3節　学校という枠　183
        1　いじめや不登校と，子どもの成長　183
        2　スクールカウンセリングの目的　185
        3　インターネット・携帯電話，ゲーム，その他　186

引用・参考文献　188
人名索引　197
事項索引　199

第 1 部　成長のしくみを理解するために

第1章 乳幼児のすこやかな発達を引き出す働きかけ

　　　　少子化，高齢化が進むなか，すこやかに発達することへの関心が高まっている。乳児から高齢者まで，また，健常者も障害者も，成熟のプロセスの中で社会とかかわりをもちながら発達している。その発達と社会との相互作用の様相を理解することが発達を支援するのに重要となる。

1節　発達にかかわる要因

　1998年にHarrisが米国で出版した書籍「育児の誤解（The nurture assumption）」は，たいへんな反響を引き起こした。この書籍では，親が子どもに与えるのは遺伝子のみであり，子どもにどのように接しようと影響を及ぼさないと主張している。また，子どもの将来を決めるのは友人であるとも述べている。彼女は，自分の子どもと養女を同じように育てたにもかかわらず，まったく異なる性格に育ったことを例示し，親のかかわりの重要性を否定している。しかし，この考えは，すぐに米国国立衛生研究所を始め，多くの研究者に否定され，子育ての重要性が再認識された。

　発達心理学の歴史を辿ると，第3章で詳しく述べるように，氏か育ちか，すなわち遺伝と環境のどちらが重要なのかが論争されてきた。遺伝要因は，現在では遺伝子研究の躍進とあいまって様相が変容しているが，もともと発達現象が生物学的な背景をもつ点において，成熟的な考え方が優勢であった。

　他方，環境を重視するのは，ジョン・ロックのタブラ・ラサ，すなわち，人

は生まれたときは白紙で，経験によって書き込まれながら成長するという考え方である。これは，条件づけなどを深めた学習理論によって，その重要性を根拠づけられている。

その後，これらを折中する考え方が現われて，両者の重要性が指摘されるが，さらに行動遺伝学では，遺伝と環境が規定する影響力の大きさが心理・身体特性によって違うことについて明らかにされつつある。

2節　機能的な発達観

▶1　機能的な発達とは

乳児は誕生後，日々成熟し，知覚や運動機能などが発達する。この成熟は大きな身体機能の発達をもたらすときがある。すると，それが環境とのかかわりの変化を引き起こす引き金となる。たとえば，お座りができるようになれば高い位置から周囲を見渡すことができるようになり，知覚された世界は変化する。また，はいはいができるようになれば，自分の力で好きなところに移動できるようになる。したがって，隣の部屋にいる母親を探しにいくことも可能となり，自ら新しい世界を広げることになる。

このように発達を単純な成熟としてではなく，環境とのかかわりとして機能的にとらえることが乳児を理解するために重要であると考えるのは，Camposである。たとえば，「はいはい」は自らの意思で移動ができるという，乳児にとって画期的な機能獲得である。したがって，「はいはい」をすることにより，遠方の環境に働きかける主体性が出現し，それがさまざまな心理発達をもたらすと考える。すなわち，ある身体機能の獲得が新たな心理機能の発現をもたらすという発達観である。

▶2　はいはい開始による母親の意識変化と子どもの変化

では，子どもがはいはいを始めたとき，母親はどのように感じるであろうか。筆者の研究室で母親25名を対象に行なった調査によると，表1－1に示したように，うれしいと感じたもの17名，愛らしいと感じたもの5名，これ

表1-1　はいはい開始にともなうしつけの変化

うれしい	17名
愛らしい	5名
これから大変になる	5名
すごい	2名
動いた	2名

（自由記述：複数回答）

表1-2　はいはい開始にともなう子どもの行動の変化（Campos et al., 1992）

	はいはい開始前	はいはい開始後
怒りの表出	6/14	25/28
母親がいなくなることへの感受性	5/15	22/31
遠くのものへの注意	4/14	26/29
相互作用のある遊びに熱中する傾向	1/15	17/30
以前禁止されたことに注意する	1/15	21/31

注）分子：行動の出現した乳児数　分母：乳児の総数

からたいへんになるというもの5名という結果であった。また，しつけの仕方についての質問には，禁止することが多くなったという回答が40％を占めている。おそらく，はいはい開始までは，子どもをしかることはほとんどないが，自己移動の開始が危険を伴う行動を生み出し，親の注意が必要となる。このように，親からのかかわり方が変化する。

　他方，はいはい開始によって子どもに現われる変化についての調査がある。はいはい開始前とはいはい開始後の行動変化を母親にアンケート調査したところ，表1-2に示したように，怒りの表出，母親がいなくなることへの感受性，相互作用のある遊びに熱中する傾向などが，はいはい開始後に増加することが明らかになった。自ら移動をすることができるようになるため，遠くのものに注意がいくようになり，また，母親を後追いすることができるため，かえって母親が離れることに敏感になるのであろう。このように，周囲の環境変化に対応する能力が習得されることにより，それに関する心理機能が発達するといえる。

▶ 3　「はいはい」開始と深さに対する怖れ

　Camposの代表的な研究にビジュアルクリフ（視覚的断崖：図1-1）を使

用したものがある。ビジュアルクリフとは，浅瀬と深瀬からなり，そこに高さ1メートルほどの段差がある。乳児を浅瀬においたときに深瀬越しにいる母親のところに渡って行くかどうかを調べる装置である。もちろん，安全のために深瀬側には透明な強化ガラスがはってあり，転落することはないようになっている。

もともと，ビジュアルクリフはGibson & Walk（1960）が乳児の深さに対する怖れを調べるために開発した。彼らが，はいはいによる移動が可能な6か月から14か月の乳児を浅瀬においたところ，深瀬を超えて母親の元まで這ったのは，27名中わずか3名であった。その結果から，乳児は深さ知覚が生得的であると述べている。ただ，この研究では，6か月児といえども，はいはいが可能な乳児が対象であったので，はいはいを始める前の乳児に関しては確認されていなかった。

そこで，Camposは「はいはい」のできない乳児で，深さに対する怖れを調べる一連の研究を行なった（Campos et al., 1970; Schwartz et al., 1973）。怖れの程度を測定するために，心拍数を用いている。心拍数は怖れを感じると増加するからである。乳児を深い側のガラスの上におろして，心拍数を測定したところ，はいはいができる乳児では心拍数が増加したが，できない乳児では増加しなかった。したがって，深さ知覚による怖れは生得的ではなく，「はいはい」経験が深さに対する恐怖を生み出す可能性が示唆された。

図1-1　ビジュアルクリフ横断パラダイム

また，Campos らは，はいはい経験が深さ恐怖に及ぼす影響を調べるため，はいはい開始前の乳児に歩行器を使用して自己移動経験を与えた。これは，自分の意思で移動できるという点で機能的にははいはいと類似している。その結果，深瀬において，心拍数の増加がみられた。

さらに，はいはい開始後の乳児でも研究を実施した。対象となった乳児の平均月齢は 7.5 か月であった。歩行器を 40 時間使用させた乳児は歩行器を使用しなかった乳児に比べ，はいはい開始 5 日後に，深瀬において心拍数が増加することが確認された（Campos et al., 1997）。

このように，移動経験による主体的な環境とのかかわりが，深さに対する怖れという新たな心理機能を出現させたといえよう。

3節　感情のコミュニケーション

▶ 1　社会的参照（social reference）

社会的参照とは，乳児期からみられる基本的な評価プロセスであり，曖昧な状況で，他者の表情，音声，身振りなどを見て，自分の状況を判断することである。ここで，乳児にビジュアルクリフを使用して社会的参照を検討した研究を紹介する。これは深瀬の側にいる母親が崖向こうの乳児に示す表情を統制して，感情的な表情情報を送るものである（Sorce et al., 1985）。ビジュアルクリフはもともと深さに対する怖れを引き起こす装置であるが，深さを調整して，乳児にとって曖昧な状況となる 30cm の深さで研究を行なった。母親は表情コーディングシステムを参照して，怖れ，怒り，喜び，悲しみなどの表情を練習した。12 か月児は，母親が怖れの表情をしたとき，深瀬の向こうに魅力的なおもちゃが置いてあっても，17 人中，誰 1 人として深瀬を横切ったものはいなかった。怒りの表情をしたときには，18 人中，2 人しか横切らなかった。しかし，喜びの表情では，19 人中，14 人が横切った。また，悲しみの表情では，18 人中，6 人が横切ったが，より頻繁に母親を参照した。したがって，母親の表情が崖の手前での行動の判断材料となっているといえよう。

このように，12 か月児は，曖昧な状況におかれたときに，身近にいる母親

など重要な人物から状況判断のための情報を得ることができるようになる。ここでは，母親の様子を見て自分のおかれた深瀬に対する状況を判断している。この現象では，さらに他者の感情表出が何を意味しているのか理解する認知プロセスの解明が重要となる。

▶ 2　感情の個別性の理解

　Saarni ら（1998）は乳児期における感情コミュニケーションに必要な要素の1つとして，自らの感情が他者の感情と異なることに気づくことをあげていた。これは感情発達のプロセスにおいて重要である。たとえば，18―19 か月児は，他者が自分と異なる食べ物への好みをもつことを理解し始める。実験者がクラッカーとブロッコリーをそれぞれ口にして，ブロッコリーの味に喜び，クラッカーには嫌悪の表情を示す。乳児はクラッカーにおいしさを感じているので実験者が反対の感情表出をするのを見ている。そこで，実験者が乳児にクラッカーかブロッコリーのどちらかを欲しいというと，14 か月児では自分の好みにあったクラッカーを手渡すが，18 か月児では実験者がポジティブな表情を示したブロッコリーを手渡した。この結果は 2 歳に近づくと他者が自分と異なる感情をもつことが理解できるようになることを示している（Repacholi & Gopnik, 1997）。

　感情のコミュニケーションは，他者の感情表出を行動の指針とする段階から，他者の内的状態の理解へと進んでいく。幼児期には他者の感情を予測し，自分が期待する感情を他者に引き起こさせるようなかかわりをもつことができるようになる。

4 節　自己移動の訓練と心理機能の発達

▶ 1　PMD（パワード・モービリティ・ディバイス）の開発

　PMD とは，乳児が運転することのできる電気自動車である（図 1 - 2）。これはお座りができるようになった乳児なら運転することができ，筆者の研究室では 7 か月の乳児が研究に参加している。Anderson を中心に始まった研究プ

第1部　成長のしくみを理解するために

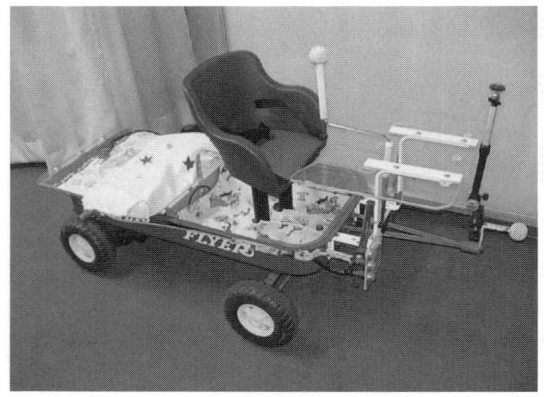

図1-2　PMD（乳児用電動車）

ロジェクトでは，乳児の自己移動経験と心理機能の発達の関連を検討している。

　乳児が操作レバーを引くと，車は前方に進む。安全面にも十分配慮されており，乳児が1人で走行可能となっている。この装置を用いてはいはい開始前の乳児に移動経験を付与することができる。

　まず乳児が操作レバーと車の動きの関係を理解できるかどうかについて，検討がされた。乳児は操作レバーの先端に取りつけたボールに興味をもち，さわろうとする結果レバーが引かれ，車が動くことになる。そこで，乳児が操作レバーと車の動きの随伴性を獲得しているか確認する研究を実施している。まず，最初は，写真のように1本の操作レバーで乗車し，休憩のあと，操作レバーを2本にする。2本は見かけ上まったく同じで，右と左に並んで設置する。1本のレバーは引いても動かないが，他方のレバーを引くと車が動く。その結果，乳児は休憩後の試行で車の動きを伴う操作レバーを好んで引いている。これは，操作レバーを引くと車が動くことを理解していることを示しており，自らの意思で移動していることになる。

　したがって，レバーによる車の操作が可能といえ，長期間の乗車による心理的発達の促進の様相を検討することができる。この長期訓練は移動に伴う能力の促進をめざすもので，たとえば外界の動きに対する姿勢の補償にその経験の効果が確認されている。

▶ 2　障害児における移動訓練の可能性

「脳性まひ」のように、発達の初期の段階で起こる脳損傷や異常により運動機能障害を示すことがある。前述のように機能的な視点からとらえた場合、身体機能の障害が心理機能の連鎖的な発達低下を導く可能性が予測される。したがって、早期から補完的な支援を行なうことで障害の程度が軽減される可能性がある。

高塩ら（2006）は、脳性まひにより2歳の誕生日の前日までに腹臥位および座位での頭部と体幹の抗重力的な肢位を保持することが困難で、また下肢の痙性まひと両上肢の運動にも障害のある乳児に姿勢制御を助ける機器と移動経験を援助するための移動機器を開発している。

姿勢制御を支援する機器は骨盤帯を支えるユニットと胸郭を支えるユニットから構成され、体幹が横方向に崩れた際に復元力として作用し、立ち直り反応を手助けする。したがって、安心して足底からの感覚情報を受け取ることが可能になり、過剰な姿勢制御による下肢筋緊張の亢進は減少し運動の制御を可能にする。

さらに、姿勢の制御をサポートした状態での移動経験をおこなうために、新たに姿勢制御装置を掲載可能な電動移動機器を開発した。そして、継続した乗車訓練を施行したところ、ケース・スタディではあるが、障害児が周囲の環境への適応性を高めているように判断される現象が現われている。障害児訓練の実用可能性は、今後ますます進展するものと思われる。

5節　乳幼児期の社会性発達

▶ 1　共感性の発達

Hoffman（2000）は、他者の苦痛に対する共感性が生後早い時期から存在することを示唆している。他者に共感するには、他者の置かれた状況を理解し、それに共感する能力が必要とされる。共感性が低いと他者の苦しみが理解できず、向社会性が高まらないので、共感性は対人関係に欠くことができない能力

であるといえる。

共感性の発達に重要な指標である「他者が苦しんでいることへの関心の表出」や「他者に対する直接的な向社会的行動」は誕生後2年目でみられる。それ以前にも共感性の前兆がみられ，1歳ころには悲しんでいる他の子どもを悲しそうに見つめたりする。ただ，自分の感覚と混同している可能性があり，自分が苦痛を受けたときと同じ反応をしやすい。2歳になれば他者が自分とは別の内的な存在をもった対象であることを理解し始める。2歳半ばを過ぎると，自他の区別がいっそう明確になり相手の立場にあった共感的な対応が現われる。たとえば，泣いている友達に自分のおもちゃではなく，相手の好きなおもちゃを渡してなぐさめることもできるようになる。

そして，幼稚園期にかけて他者の気持ちを考えて対応できるようになる。他者が自分と異なる好みをもつことを理解できるようになるので，自己中心的な満足ではなく，他者の満足を考えた行動ができるようになるのである。

共感が発達する要因として，身体面や心理面の特性をあげることができる。たとえば，パーソナリティの原型といえる「気質」は共感性の発達に影響を与えていると考えられる。気質とは，生物的な要因が強く反映された行動傾向のことである。たとえば，怖がりやすさや活動性などは代表的な気質の特性といえる。

筆者の研究室では，9か月の乳児期における気質と3歳時の共感性の関連を

図1-3　痛がる演技をする研究員を見つめる幼児

調べている。まず9か月時には母親に乳児の気質を質問紙で尋ね，3歳時に再び研究室で他者が苦痛を演技する場面（図1－3参照）により共感性を調べる。演技課題とは，子どもが同伴した母親と研究者と3人で遊んでいる最中に，研究者や母親がクリップで指を挟み痛がる振りをするなどして，子どもの反応を調べるものである。その結果，9か月時の活動性が高い子や怖がりやすい子は3歳時の共感の表出性が高いことが明らかになっている。これは，米国で行なわれた4か月の時点で活動性が低いと2歳時の共感性が低いという知見（Young et al., 1999）と一貫している。積極的に周囲とのかかわりを探索することは，社会性の発達の基礎となっていると考えられよう。

また，周囲からの働きかけとなる「しつけ」や「家庭内の雰囲気」も共感性の発達に影響をしている。筆者の研究室で行なった研究では，44か月時の共感性を前述した苦痛の演技場面を用いて調べ，家庭内の雰囲気を家族関係尺度（Moos & Moos, 1986）で測定し関連を検討したところ，家庭内で「密着性」が高く，「葛藤性」が低いと共感性の表出が高いという結果が得られた。したがって，子どもの主体的な環境への働きかけに対して密に接しており，家族からの即時の対応が行なわれやすい家庭環境は，共感性発達に重要であるといえる。

▶ 2　乳幼児期の社会的感情の発達

怒り，恐れ，喜びのような一時的に強く感じられる基本的な感情は，乳児期の早い時期から出現している。最近，2歳ごろに優勢になる社会的感情，すなわち恥ずかしさ，罪悪感，困惑，誇りなどの感情に研究者の関心が向いている。これらの感情は，自己概念が発達し，自らの行動を自己のもつ基準に照合して評価できるようになると出現する。自分の成果をポジティブに感じた場合のプライドや，自分の行動が迷惑を与えたことによるネガティブな罪悪感など，自己基準との関係で感じられている。

幼児期の自己意識感情を検討したStipek（1995）によると，表象能力をもつ2歳ごろになると自己基準が出現するといわれる。たとえば，プライド感情に関して，Kagan（1981）は，18—24か月児が，物体の不備や社会規範を逸脱する行動に対してプライド様行動をとると指摘している。また，Heckhausen

(1984)は，幼児がプライドを感じるのは自己評価によるものであり，乳児が自ら達成した遂行に対する喜びは，幼児と異なり自己が出現していないので瞬間的なものであると述べている。そして，Kaganの述べるように1歳半ぐらいから勝ち誇った表情がみられるようになるが，競争的な課題では3歳ぐらいまでプライドが現われないと主張している。

　Stipekは，その点を実験により確かめている。まず，2歳から5歳の幼児に数分で完成するパズルを与えた場合と，あらかじめ完成しないようにしたパズルを与えた場合の幼児の行動比較をした。また，同年齢の幼児に輪を積み重ねる遊びを2人一組にして行なった。そして，相手の子より早く輪を積み重ねるような競争をさせた。その結果，2歳児はパズル課題において，成功と失敗の場合に明確に異なる反応を示した。しかし輪の積み上げ競争では，33か月以前の幼児では，勝者と敗者の間に行動の差はみられなかった。これは2歳児では，課題の完成という明確な基準は理解できているが，他者との競争という基準の理解ができていなかったためであると述べている。34か月時になると競争的遊びで勝者は微笑を示すようになる。

　2章では，学齢期を対象にして罪悪感に焦点をあてた研究が紹介される。自己に関する感情は，自己の基準と環境との関係が重視されており，心理的な側面と同時に，環境についても吟味する必要があることが明らかにされよう。

6節　すこやかな発達のために

　本章では，乳幼児期の発達の一端を紹介した。発達のプロセスを考察するときに，身体発達が環境とのかかわりの変化を導き，新たな心理機能を発現させるという考え方は重要な視点である。乳児の身体発達にあわせて，関連する心理機能の発現を損なわないように，環境との良質なかかわりへと導く必要性が示唆される。子どもを受動的ではなく，能動的に周囲の環境とかかわらせる働きかけが大切となる。働きかけが強すぎると子どもを受動的にさせ，弱すぎると働きかけとならない。しかし，心理事象によって働きかけの適切さが異なり，一般論として論じるには，さらなる研究が必要とされる。

　たとえば，身近な働きかけの例として，絵本の読み聞かせをあげることがで

きる。母親から子どもへの働きかけが絵本という対象を通してなされ，また，子どもからも絵本への興味と，それを通して母親へのかかわりが出現する（佐藤・内山，2007）。絵本によって，社会的な価値観が伝えられ，それが社会性に関する自己基準を形成する。また，絵本の空想性に対して，子どもからのかかわりは豊富であり，良い発達支援の材料といえる。

　さらに，4節で述べたように何らかの発達上の障害があっても，それが機能的に連鎖しないような支援策があれば，二次的な障害を最小限に抑えることができる。このように，健やかな発達を支援するためには，子どもに関する知識を学び，関心をもってよく見ることにより，子どもが自然と伸びようとしている方向に少し手助けをすることが大切であろう。

第2章 道徳心と共感する心

　子どもは，大人と同じ社会的な存在である。というのも，子どもは家庭，学校および地域という社会と積極的にかかわり，成長するからである。その成長過程では，社会で機能するルールから行動の善悪を判断したり，自分とは異なる相手の気持ちを理解したりするこころが必要となる。本章では，子どもがどのように良いこと悪いことを認識するのか，あるいは互いの気持ちのありように気づくのかについてのこころのしくみを発達的な視点から紹介する。

1節　道徳心を育てる

▶1　ルール（規範）意識の発達

　子どもたちは家庭，学校，地域を含めた社会的場面において，さまざまなルール（規範）と出会う。その種類は親や教師などから教えられるもの，また法律によって定められているものなど多様である。ルール（規範）は私たちの社会を円滑にするために存在し，これを遵守することは社会の成員として不可欠なことである。しかし，近年，将来の社会を支える子どもたちのルール（規範）意識，理解の希薄さが大きな教育的問題となっている。

　社会的ルールの理解について，Turiel（1983）は子どもが道徳領域と慣習領域という2つの概念をもって，その理解を発達させると述べている。道徳領域のルールとはひとを叩く，傷つけるなど他者の福祉や危害，公平に関する問題と関係する。一方，慣習領域のルールとは服装，マナーなどの問題に関係

し，社会システムを調整，成立させるものである。言い換えれば，道徳領域は絶対的なものであり，慣習領域は恣意的で，変容可能なものとなる。

　この社会的ルールにおける異なる領域の区別は，3歳ごろの子どもに芽ばえ始める。加齢による発達を明らかにしたSmetana & Braeges（1990）の研究によると，道徳と慣習のルールの初歩的な区別は3歳で可能になり，4，5歳ごろまでには明確になるとされる。また，子どもが3歳をすぎると，道徳のルール違反を慣習のルール違反よりも重大と判断すると報告している。

　さらに，小学校1年，2年および5年生の子どもを対象としたTisak & Turiel（1988）では，興味深い結果が示されている。児童期では子どもがイメージを多用し，抽象的な思考を身につけ始める。そのため，道徳と慣習の区別を身近で具体的な問題から，見慣れない広範な問題へと適用するのである（Tisak & Turiel, 1988）。しかし，この発達的な様相は同時に慣習領域への疑問を子どもに生じさせる。すなわち，慣習領域のルールに対して，他者から権威的，恣意的に要求されるものであるという批判的な態度をもち始めるのである。また，10歳以降にみられるようになるこの態度は，青年期において学校内外の活動や友人の選択，自分の外見などに関するルールへと顕著に表われるのである（Smetana, 1988; Geiger & Turiel, 1983）。

　以上から，重要なことは年齢とともに発達する子どもの領域の理解をふまえ，大人はルール（規範）の意義を適切に子どもへ教え導くことである。たとえば，子どもに「学校では乱暴な行動は禁じられている」と道徳領域である暴力行為を慣習領域から説明することは，子どもの領域発達を妨げる（首藤，1992）。このことから，その意義を子どもに教える場合には，大人自身も社会的ルールにおける道徳と慣習領域について明確に理解しておく必要があろう。

▶ 2　道徳心の発達

　前項では，道徳心を育むために必要と考えられる子どものルール領域の概念を説明した。さらに，子どもの道徳心の発達を考える際には，道徳判断と道徳的行動という2つの側面が必要となる。道徳判断は，社会成員によって共通理解された社会的な基準を個人の中で良い，悪いと判断することである。一方，道徳的行動はその基準に基づいて，社会的に望ましい行動をとることであ

る。これらの両側面が、子どもの中で互いに関連して道徳心を形成するのである。

(1) Piagetの理論について

発達心理学の代表的な研究者であるPiaget（1932）は、自身が提唱した認知、思考の発達とあわせて、子どもの道徳判断の発達を明らかにしている。その際、故意か過失か（わざとか、わざとじゃないか）の内容を含んだ例話を子どもに聞かせることによって、どちらの例話の子どもが良いか悪いかを判断させている。そのPiagetが用いた例話をもとに改訂した例話を以下に示している（図2-1も参照）。

A子の話：A子はお母さんが留守の時に、お掃除道具をふざけて、振り回していました。そのうち花瓶にぶつけてしまい、小さな花瓶を割ってしまいました。

B子の話：B子はお母さんが留守の時に、お母さんを喜ばせようとお掃除をしていました。けれども、あやまって手をすべらせてしまい、大きな花瓶を割ってしまいました。

（A子の話）　　　　　　　　　（B子の話）
図2-1　Piagetが用いた例話をもとに改訂した例話（石川，2003）

例話について子どもに尋ねた結果、6, 7歳の子どもは大きな花瓶を割ったB子を悪いと判断するのに対して、9歳以降の子どもはふざけて小さな花瓶を割ったA子を悪いと判断することが明らかになった。このことから、Piagetは、子どもは成長とともに損害の量や行為の結果に基づいて善悪を判断する結

果論的判断から，行為の意図や動機を重視して善悪を判断する動機論的判断へと移行すると主張している。また，Piagetは遊びのルールに対する子どもの理解や態度を観察することで，道徳判断における他律的な道徳から自律的な道徳への発達を考えている。これによると，幼少の子どもは道徳判断が不十分で，大人の命令や判断を絶対視する。しかし，年齢が高まるにつれて，子どもは大人への依存が減少し，集団とのかかわりや周りの状況を考慮して自らの判断を重視するのである。

Piagetによれば，他律的な道徳の子どもは結果論的判断を，自律的な道徳の子どもは動機論的判断を行なうとされるが，他律（結果論）から自律（動機論）という順序で明確に発達するとは限らない。また，さまざまな状況，出来事において，子どもはその判断を使い分けるとも考えられる。しかし，このPiagetの理論は現在でも大きな影響を与え続け，子どもの道徳心における基本的な考えとなっている。

(2) Kohlbergの理論について

Kohlberg（1969）はPiagetが示した道徳判断の発達理論を拡張し，発展させた研究者である。彼は，道徳的ジレンマ物語を10歳から16歳の子どもに提示し，正しさ（正義）が生命の価値と法の価値のどちらを優先することなのかを尋ね，道徳判断の発達を調べた。以下は，Kohlbergが用いた物語例である。

ハインツのジレンマ：ヨーロッパで，ある女性が病気で死にかけていました。医者によれば，彼女を救うには，同じ町の薬剤師が発見した薬を使うしかない，という。しかし，その薬はつくるのに200ドルもかからないのに，2000ドルの高額で販売しているのである。この女性の夫，ハインツは知人を尋ね，お金を借りたが，薬の代金の半分しか集まりませんでした。彼は，薬剤師に，妻が死にかけているので，薬を安く売ってくれるか，後払いにしてくれないかと頼みました。しかし薬剤師は，「いいえ，わたしはお金を手に入れるために，薬をつくっている」と言いました。そこで，ハインツは妻のために，店に入り薬を盗みました。

物語の回答により，児童期前後を中心に理論を展開したPiagetに対して，Kohlbergは道徳判断が幼児期から青年期まで段階的に発達すると考え，3水準

表2-1　Kohlberg理論における道徳判断の発達段階（Kohlberg, 1969より改変）

水　準	段　階	判断の基礎
Ⅰ．前慣習的水準 （7歳から10歳）	段階1：罰回避，服従志向	自分の行為が罰せられるか，ほめられるかどうかという自己中心的な考え。権威に対し服従することが正しい。
	段階2：道具的志向	自分の欲求や利益を道具的に充足させる行為が正しい。
Ⅱ．慣習的水準 （10歳から16歳以降）	段階3：よい子への志向	他者から期待されたり，認められたりする行為が正しいと判断。他者配慮を示して他者との良い関係を維持しようとするなど，よい子であることが大切。
	段階4：社会秩序への志向	社会的規則が道徳判断の基礎。社会秩序を保持するために義務を果たし，権威を尊重。
Ⅲ．慣習以後の水準 （16歳またはそれ以降）	段階5：社会契約と遵法的志向	個人の権利，幸福を考慮しながら，社会全体より是認される行為が正しい。最大多数の最大幸福へ志向。
	段階6：普遍的倫理への志向	自分が選択した普遍的な倫理的原則に従う行為が正しい。この原則が法律や社会的規則に合致しない場合，原則に従って行為を遂行し，妥当であると判断。

6段階の道徳判断の発達段階を明らかにしている（表2-1）。

　この発達段階において，初めの前慣習的水準では，子どもは悪い行為は理由に問わず必ず罰せられる（段階1），また適切な理由があれば許される（段階2）と考える。続いての慣習的水準では，子どもは自分が属する社会の規範を理解して道徳を判断することができ，悪い行為が他者の期待を裏切ることであり（段階3），法や秩序を破ることである（段階4）と考える。そして，最後の慣習以後の水準（段階5，段階6）では，自分の属する社会の規範を超えて道徳を考え，人としてもつ権利，公平さ，正義などの基準を尊重して善悪を判断するとなる。

　また，Kohlbergによれば，子どもは6つの発達段階を1つひとつ上昇させていき，その発達過程において個人差はみられるが，段階の飛び越しや後退はけっして見られない。さらに，すべての子どもが段階6に到達するわけではないが，段階の発達は世界共通であり，どの文化圏においても違いはないのである。なお，わが国においても山岸（1976）や荒木・武川（1985）により，Kohlberg理論における道徳判断の発達が明らかにされている（図2-2）。

　道徳判断の生涯発達を唱えたKohlberg理論は多くの研究者から支持されたが，同時に批判も少なくなかった。というのも，Kohlbergの測定した被験者

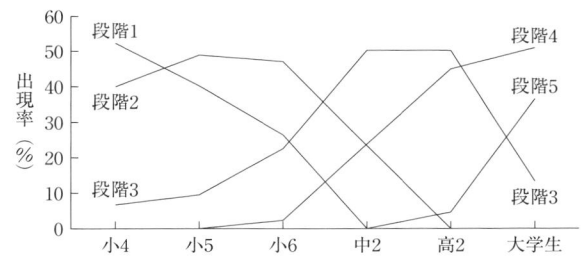

図2-2　道徳判断の発達（荒木・武川, 1985；山岸, 1976 より改変）

がすべて男性であること，また使用したジレンマ物語が実生活とかけ離れていることなどが問題視された。これらの批判を受けて，Kohlberg は収集したデータを再分析し，各段階における性差や年齢幅の拡張を認め，理論の修正を行なっている。しかし，Kohlberg 理論の主要な点は，彼自身も述べているように，ジレンマ物語などの道徳的問題について子どもが学校で身近に議論できるようにし，子どもの道徳心を向上させ，ひいては学校環境を再構成させることにあったのである。このような視点から，荒木（1993）などに代表されるように Kohlberg 理論は積極的に学校教育へ導入されているのである。

(3) Eisenberg の向社会的行動理論について

前述したように，道徳心を形成する1つの側面はここまでとりあげてきた道徳判断であり，もう1つの側面として道徳的行動があげられるが，その発達を明らかにした研究は数少ない。というのも，道徳的行動はさまざまな心理的な要因より生起し，単純なものではないからである。その中で，道徳的行動に関する理論として Eisenberg が提唱した向社会的行動理論がある。

向社会的行動とは，他人や集団を助けようとしたり，こうした人々のためになることをしたりする自発的な行為と定義される（Eisenberg & Mussen, 1989）。この行動には，他者に何かを分け与えること（分配），他者に手をさしのべること（援助）などが含まれている。その意味で，向社会的行動は思いやりのある行動とも考えられる。

この向社会的行動について，Eisenberg は実証的な研究を通して年齢差と性差がみられると説明している。すなわち，向社会的行動は生後1年目の子ど

もから兆しがみられ，加齢とともに増加する。また，一般に男子よりも女子の方が向社会的に行動するのである。このことに加えて，さらに興味深いことは向社会的行動の質が年齢とともに大きく変化することである。たとえば，幼児期ではお菓子やおもちゃを得たいために他者を助けることが多く，その助ける対象は異性よりも同性の子どもに向社会的な傾向を示す。しかし，子どもが児童期以降になると同情や他者の要求を理解して向社会的になり，対象については性別よりも助ける人の援助の必要性が関係してくるのである。このような質的変化は，向社会的行動の出現が子どもの属する文化，状況および社会的階層によって規定されるため生じると考えられる。

また，Eisenberg は道徳心における向社会的な側面の発達についても研究を行なっている。彼女は，子どもに相手を助けるのか，それとも自分の要求を優先するのかのどちらかを選択させるジレンマ物語を提示した。その結果，向社会的な道徳判断の年齢に対応する発達段階を明らかにしている。それによれば，物語の子どもを助ける理由について，幼少の子どもは「助けるとお礼がもらえるから」(実際的志向)，「助けることは良いことだから」(紋切り型志向)と説明する。他方，年長の子どもは「相手の立場なら，助けて欲しいから」(共感的志向)，「助けることは義務だから」(内面化された段階)と説明するのである。この段階的な変化は，わが国においても宗方・二宮（1985）によって同様の結果が支持されている（図2－3）。

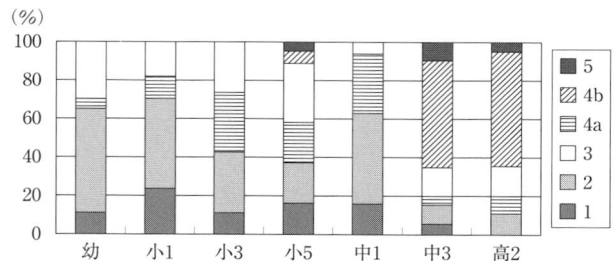

レベル1 ：快楽主義的，実際的志向(自分の利益が中心)
レベル2 ：他者の要求志向(ことばで表現された関心)
レベル3 ：承認および対人的志向，紋切り型志向(他者の承認が行動理由)
レベル4a：共感的志向(判断に他者配慮などを含む)
レベル4b：移行段階(判断理由は内面化された価値によるという認識の芽生え)
レベル5 ：強く内面化された段階(内面化した価値や基準，自尊心により判断)

図2－3　向社会的な道徳的判断の発達（宗方・二宮，1985）

子どもの向社会的行動は，子ども個人の特徴（性格や身体的・認知的能力）や状況，環境などにより影響を受けるため，その出現過程は現在でも十分に理解されていない。その中で，近年，伊藤（2006）は幼児の遊び場面を観察した結果，向社会的行動の促進には「向社会的にふるまうことができる」という自己認知が関連するという興味深い報告をしている。今後も向社会的行動の研究が進展すると考えるが，このような知見は向社会的行動を効果的に子どもへ習得させることに寄与するものであろう。

2節　共感するこころを育てる

日常の社会生活では，大人から子どもまで他者を思いやり，ともに生きていく姿勢が重要となる。そのため多くの親や教師は，思いやりのある子どもに育って欲しいと願っている。思いやりには「相手の気持ちになること」や「相手の立場を考えること」などの能力が必要となる。本節では，これら2つの能力として考えられている共感性と役割取得能力について説明する。

▶ 1　共感性の発達

共感性とは相手の気持ちを感じとり，自分も相手と同様の気持ちを経験することである。この共感性と類似した同情という感情反応がある。両者を明確に区別することはむずかしいが，同情は他者への心配や気遣いが中心となる。それに対し，共感性は他者のすべての感情状態を共有することを意味している。

共感性研究を展開したHoffmanによれば，年齢とともに共感性は高まり，他者の苦痛をより深く理解することができるとされる。また，Hoffman（1975）は共感性の発達段階を次のように4つの段階に区分している。それによると，第1段階は生後から1歳ごろまでであり，他の子どもの泣き声を聞いて，自分も泣き始めるという共感性の徴候がみられる。次の1歳から2歳ごろまでの第2段階では，自分と他者が異なる存在として意識し始め，他者が苦しんでいるとき，苦しんでいるのは自分ではないと自覚できる。第3段階では3歳から5歳ごろが中心となり，他者の感情がその人の考えや欲求に基づくことを理解できる。また，ことばの発達に伴い，落胆や裏切りなどの複

雑で，幅広い感情に共感できる。最後の第4段階は6歳から9歳ごろに生じる。この時期では，子どもは他者と自分が異なる感情と人生経験をもち，他者の苦痛がその経験と関連して生じることに気づく。そして，他者ひいては集団全体のさまざまな苦境（貧困，犠牲など）に共感し始める。

このようなHoffmanの発達段階に基づいて，多くの研究が共感性の年齢的変化と性差を明らかにしている。わが国において，児童期の共感性について検討した研究では，年長の児童の方が共感的傾向を示し（浅川・松岡，1987），女子が男子よりも共感的である（桜井，1986）と報告されている。また，青年期を対象とした出口・斉藤（1991）でも，年齢とともに共感性が上昇すること，女子の共感性が男子よりも高いことが見いだされている。

なお，HoffmanやEisenbergによって，共感性は前述した向社会的行動を規定する要因の1つとして考えられている。この点についても，わが国における研究で実証がなされており，共感性が高い子どもは向社会的行動を多く行なうという結果が得られている（桜井，1986；首藤，1985）。

▶ 2　役割取得能力の発達

役割取得能力とは相手の視点，立場にたって，相手の考えや気持ちを推察し，それに基づいて自分の行動を決定する能力をいう。たとえば，何か援助を求めている人に「かわいそう」と共感できても，援助する際にはその人が何を望み，どのような助けを必要としているかを考え，行動しなくてはならない。このように相手の気持ちを推測してどのように行動できるかが役割取得能力となる。

この能力の年齢に伴う発達段階は，Selman（1976）によって明らかにされている。その際，彼は「木登り課題」というジレンマ物語を用いて，子どもが登場人物の考えや気持ちをどの程度理解できるのかを調べた。「木登り課題」とは，木登りをしないと父親と約束した女の子が，木の上で降りられなくなった友達の子ネコを助けるかどうかと悩む物語である。例話の後には，女の子は木に登るのか登らないのか，また父親や登場人物の気持ちを考えるよう質問が与えられる。この「木登り課題」（図2－4）について，わが国で検討した荒木（1988）によれば，Selman（1976）の提唱した役割取得能力の発達段階を

 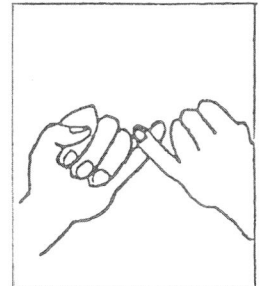 

順子さんは木登りが上手な女の子です。今日も順子さんは木に登って遊んでいます。ところが，木から降りようとした時，うっかり足をすべらせて落ちてしまいました。運よく途中の枝に引っかかったので，けがはありませんでした。

順子さんが木から落ちるのを見ていたお父さんは，びっくりして順子さんをきつく叱りました。そして，「もう木に登ってはいけないよ。わかったかい。」と順子さんに言いました。順子さんは，「もうこれから木に登らないわ。」と，お父さんと約束しました。

数日後のことです。隣の太郎君が可愛がっている子猫が，木に登って降りられなくなって泣いています。太郎君はまだ小さくて木登りができません。太郎君は「おねえちゃん　お願い，子猫を降ろしてやって。」と順子さんにたのみました。近くには誰もいません。子猫を降ろしてやれるのは木登り上手な順子さんだけです。早くしないと，子猫は落ちてしまうかもしれません。順子さんは，お父さんとの約束を思い出して困ってしまいました。

図2－4　役割取得能力検査の図例（荒木，1988）

支持する結果が得られている。また，その検討において，幼児期から児童期までを対象としたところ，次のような発達段階の区分が示されている。

段階0A：自己中心的な視点
　他人の表面的な感情や表情は理解するが，自分の感情と混同することが多い。同じ状況にいても，他の人と自分では違った見方をすることがあることに気がつかない。
段階0B：自己中心的ではあるが相手の気持ちは理解できる
　泣く，笑うなどはっきりした手がかりがあると，相手の気持ちを判断することができる。しかし心の奥にある本当の気持ちにまで考えが及ばない。
段階1：主観的役割取得
　与えられた情報や状況が違うと，それぞれ違った感情をもったり，異なった考え方をもつことはわかるが，他の人の立場にたって考えることができない。
段階2：自己内省的役割取得
　自己の考えや感情を内省できる。他の人が自分の思考や感情をどう思っているか予測できる。
段階3：相互的役割取得

第1部　成長のしくみを理解するために

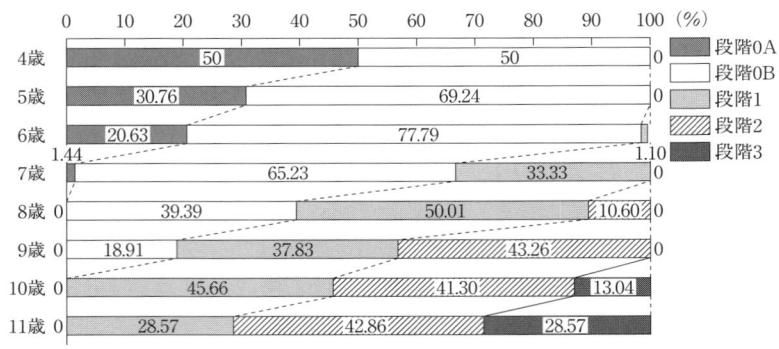

図2-5　役割取得能力の発達（荒木，1988）

第三者の視点を想定できる。人間はお互いにお互いの考えや感情を考慮して行動していることに気がつく。

このような役割取得能力の発達段階について，年齢別に出現率を示したものが図2-5である。

それによれば，4,5歳ごろは自分の考え方や気持ちしか理解できず，理解したとしても表面的であることが多い（段階0A, 段階0B）。しかし，7,8歳ごろになると，自分と相手が異なる考え方や気持ちをもつことを理解し，予測でき始める（段階1, 段階2）。そして，10歳を過ぎるころには相手の立場にたって，自分の考え方や気持ちを内省して行動できるとされる（段階3）。

また，荒木・松尾（1992）は，児童期までの役割取得能力には他者への意識が重要であるが，青年期では国家や社会的制度などを意識する高次の役割取得能力が必要であると指摘している。そこで，荒木・松尾（1992）は青年期用の役割取得能力検査である「アルメニア課題」（生命と規則の葛藤価値を尋ねるジレンマ物語）を開発した。そして，Selman（1976）の理論に基づき児童期以降の段階として段階4を位置づけ，次のように示している。

段階4：慣習的および象徴的役割取得
　自己の視点を社会全体や集団全体をみる視点と関係づけることができる。
　また，経験していない立場をイメージで推測できる。たとえば，親は子どもをどのようにみているかなどの視点をとることができる。

年齢	認知能力	道徳性の発達		役割取得能力
		水準	段階	
大人 高校生	形式的操作	Ⅲ 慣習以降の 自律的，原 理的原則 水準	6 普遍的， 原理的原則	社会，慣習システム
			5 社会契約， 法律の尊重	
中学生		Ⅱ 慣習的水準	4 法と社会秩序 の維持	
			3 他者への同調， 良い子志向	相互的
小学生	具体的操作 （可逆的）	Ⅰ 前慣習的水 準	2 道具的互恵， 快楽主義	自己内省的
			1 罰回避，従順志向	主観的
	前概念的操作		0 自己欲求希求志向	自己中心的

図2-6 認知活動と役割取得能力の発達（荒木，1993）

なお，「アルメニア課題」を用いて青年期を対象とした研究では，年齢が上がるにつれて段階が上昇すること，また女子が男子よりも先行して高い段階へ達することが明らかになっている（荒木・松尾，1992；石川・内山，2002）。

一方，前述したKohlbergによると，道徳判断には一般的な他者の観点が必要であると考えられ，役割取得能力は道徳判断の必要条件として位置づけられている。これに基づいて，Selmanは役割取得能力の発達をKohlbergの道徳判断の発達段階と対応させている。図2-6より，道徳判断が認知能力の発達のみではなく，役割取得能力の発達を受けて高い段階へ移行することが理解できる。また，役割取得能力は共感性を構成する要素であり，向社会的行動を動機づけるともいわれている（Eisenberg, 1992; Davis, 1983）。たとえば，Hudsonら（1982）は小学校2年生を対象として，役割取得能力と向社会的行動の関連を検討した。その結果，年下の子どもに工作を教える際に，役割取得能力の高い子どもは低い子どもよりも年下の子どもの質問に進んで答え，手伝うことが多かった。また，年下の子どもの要求にも上手く合わせることができたと報告されている。これらの研究が示しているように，役割取得能力は子どもが自分以外の考え方や気持ちを理解するのに主要な機能をはたす。その意味において，役割取得能力は道徳判断，共感性および向社会的行動と密接に関連して発達するということができる。

▶ 3 罪悪感について

　これまで子どもの共感性と役割取得能力の発達について述べてきた。しかし，近年，子どもの共感性や役割取得能力が希薄になっているため，粗悪な反社会的行動が増加し，連日マスメディアを騒がしている。この希薄化する共感性や役割取得能力の背景には社会的感情，とくに罪悪感が子どもの中で適切に機能していないことがあげられる。

　人は自分を客観的にみつめ，社会の基準や規則を理解して始めて社会的感情を感じることができる。その中で，罪悪感は悪いことをしたことへの後悔の念を意味し，自分の過ちで他者を傷つけたときに喚起される。そして，適切に機能した罪悪感は自分の誤った行動を修復するため，他者への謝罪行動を導くのである。また，罪悪感は他者の痛みを理解することが必要なことから，従来より共感性や役割取得能力と並行して発達し，向社会的行動を動機づけると考えられている（Hoffman, 2000; Baumeister et al., 1994; Leith & Baumeister, 1998）。

　このような理論に基づいて，石川・内山（2001a）は5歳児の罪悪感を測定し，共感性と役割取得能力との関連を調べた。その際，子どもが罪悪感を感じる場面として「友だちとケンカをしてしまいました」などの対人場面，「赤信号を渡ってしまいました」などの規則場面を設定した。例話と図版を用いて調査した結果，共感性が高いほど対人場面の罪悪感が，役割取得能力が高いほど規則場面の罪悪感が強くなることが明らかになった。すなわち，この結果は，罪悪感には共感性と役割取得能力が必要となることだけでなく，罪悪感を感じる場面によって機能する能力が異なることを示唆している。なお，児童期や青年期でも同様の結果が支持されている（石川・内山，2001b；石川・内山，2002；有光，2006）。

　今後，罪悪感についてはさらなる検討が望まれるが，これらの研究が示しているように，適切な罪悪感が子どもの問題行動を減少させるという教育的な示唆には着目していく必要がある。

第2章 道徳心と共感する心

3節　道徳心，共感するこころを育むために

　これまでの1節，2節では道徳心と共感する心に必要な能力や，その働きについて紹介してきた。そして，それらは子どもが社会に適した行動を獲得していく，すなわち社会性の発達（社会化）に不可欠なものであった。本節では，道徳心，共感する心を育むために，子どもがかかわる家庭や学校ではどのような取り組みや支援ができるのかを説明する。

▶ 1　家庭の役割について

　家庭は子どもが道徳心，共感する心に必要な能力を習得する最初の場所である。特に，そこでの親とのかかわりは道徳判断や共感性などを向上させるために，非常に重要な要因となる。たとえば，渡辺・瀧口（1986）は幼児の共感性と母親の共感性の関係を検討した。その結果，高い共感性の母親をもつ幼児が，低い共感性の母親をもつ幼児よりも共感性が高いことを見いだしている。また，母親の感情的暖かさ（他者の喜びや悲しみを自分のことのように思うこと）が幼児の共感性に大きく影響を及ぼすことを示唆している。このような研究からも，良質な親子関係による子どもの社会化は重要であり，それは子どもが低年齢の時期から機能していることがいえるのである。

　また，子どもは日常生活の中で親のしつけによって，社会性を直接学ぶことが多いと考えられる。この親のしつけについて，Hoffman（2000）は誘導的しつけを用いることが，子どもの道徳心や共感する心を育てるのに効果的であると述べている。誘導的しつけとは，例として「あなたがお友だちを泣かせてしまったのよ。お友だちの気持ちを考えてごらん」と言うなど，子どもの行動が相手にどのような影響を及ぼしたのかを指摘，説得し，また相手の感情状態を強調することである。さらに，このしつけは親による説明が恣意的でないため，子どもの反発が起こりにくいとされている。これに対して，力中心のしつけ（たとえば，親が子どもを力で脅したり，支配したりする）や，愛情の取り去りによるしつけ（たとえば，親が子どもを無視したり，1人にしたりする）があるが，これらを過度に用いることは道徳心や共感する心の発達を阻害する

と考えられている。

　誘導によるしつけの効果は子どもが他者の立場や気持ちを理解することだけでなく，子どもが犯した行動の理由を知り，その責任をとることを学ぶことにある。このような効果は多くの研究によって幼少から年長の子どもまで確認されており，ある研究では親が感情を込めて，時には厳しく，力強く誘導を用いることでさらにその効果が高まるとも示唆されている（Zahn-Waxler et al., 1979）。

　同様に，Eisenbergも誘導的しつけが子どもの社会性を向上させるために重要であると主張している。そして，次のような親子のしつけの場面を例としてあげている（Eisenberg, 1992；二宮・首藤・宗方，1995）。

妹にブランコをあけわたすのを拒んだときの親子の例
　親：あなたがブランコをすごく楽しんでいるのはよくわかるけど，妹だってブランコは好きなのよ。彼女は自分の番にしてほしいの。
　子ども：でも，おりたくないんだもん。
　親：わかってるわ。でも，妹は時々あなたにブランコやおもちゃを使わせてあげるでしょ。それに彼女はもう長いあいだ待っているのよ。だから，たまにはブランコを使わせてあげないと不公平ですよ。
　子ども：でも，初めにわたしがやってたのよ。
　親：ええ，そうだわ。でも，妹が最初にテレビを見ていて，あなたの見たい番組をなにも見せてくれなかった時に，どんな気持ちだったか覚えているかしら。不公平だなって感じたでしょ。妹は今，同じように感じているのよ。

　これらの会話のやりとりは妹がどのように感じるのか，またなぜそのように感じるのかを子どもに想像させ，理解させている。そのため，子どもは妹の気持ちにさらに目を向けることができるようになるのである。このような例については，自分の子どもを前にして実践するのはむずかしい場合もある。しかしながら，親として日常のささいな出来事から，子どもの社会性を高める手助けができることを改めて認識する必要があろう。

▶ **2　学校の役割について**

　家庭同様，子どもが学校においても多くの時間を過ごすことを考えると，学

校での社会化は重要な役割をはたす。また，仲間や教師とのかかわりは子どもが自分と異なる他者の価値や基準を学ぶ機会となる。その中で，首藤（1994）は道徳判断，共感性などの発達が学校教育における協同活動の積極的な展開により促進できると指摘している。協同とは，共通の目標を目指して2名以上の者が協力しあう関係において行なわれる活動である。これにより，子どもは目標達成時における達成感などを共有し，他者の考えや気持ちを受容できるようになる。協同活動は社会で他者とともに生活していくうえでも欠かせない。社会性だけでなく，将来孤立しない子どもを育むためにも幼少期からの協同活動はたいへん意義深いといえる。

　一方，近年，学校教育において従来の道徳授業では限界があると叫ばれている。というのも，従来の典型的な道徳授業をすることによって，それが子どもにおいて知識の定着のみにとどまったり，体験の少なさを生み出したりという問題を生じさせるからである。これに対し，教育現場ではさまざまなアプローチがなされている中で，Reimerら（1990）や荒木（1997）はKohlbergの道徳的ジレンマ物語の効果的な活用を提案している。その活用とはジレンマ物語について教師と子どもが対話することにある。以下は，上述したハインツのジレンマ物語を子どもに提示した例である（Reimer et al., 1990；野本，2004）。

ジレンマ物語を用いた教師と子どもの対話例
　子ども：ハインツは薬を盗むべきではありません。彼は妻に何も借りがないからです。
　教師：「妻に借りがない」とはどういう意味ですか？
　子ども：だから，もし彼女が彼のためにはこれまで何も盗んでないとしたら？どうして彼がやる必要があるのですか？（第2段階の判断様式）
　教師：少しの間，わたしが奥さんになりましょう。「ハインツ，私たちはずっと愛し合ってきたじゃないの。私たちの間には強い絆があるはず。わたしは今，とっても苦しいの。あなた，わたしの気持ちを想像できる？　立場が逆だったら，私だったらあなたのために盗むわ，愛しているから」さあ，あなたならわたしにはなんといいますか？（第3段階の判断様式）

　このような対話を通して，教師は子どもの道徳的な気づきを高め，道徳判断を高次の段階へと助長するのである。その際，教師が留意することとしては子

どもの意見や考えを尊重する，また子どもの意見が出やすいよう良いクラスの雰囲気をつくるなどがあげられる。

さらに，子どもの道徳判断のみでなく，役割取得能力の向上を意図した教育実践が試みられている。それが，VLFプログラム（Voices of Love and Freedom）である。これは先に述べたSelmanによって考案され，幼稚園から高校生までを対象とした人格形成のプログラムである。その目的として，幼稚園では自分自身のものの見方を表現する能力，小学校では自分自身の「声」，すなわち自主性を発揮するとともに他者の視点を表現する能力を養う。また，中学校，高校では自分自身が第三者や社会的立場からどのようにみえているのかを理解する能力を習得させるのである。

このプログラムをわが国向けに改編した渡辺（2001）によれば，具体的な取組みとして次のような4つのステップがある。

①結びつき：教師が道徳に関する個人的な体験，物語を話す。
（例：主人公が仲間はずれになっている物語を使用する際，教師自身が幼少の頃に仲間はずれにされた経験などを話す。）

②話し合い：子どもが「聞き手」，「話し手」とペアとなりパートナーインタビューを行ない，体験や物語について話し合う。
（例：自分たちにも教師や物語の主人公と同様の経験があるか，また主人公はどのような気持ちかをクラスの友だちどうしで話し合う。）

③実践：体験や物語における問題場面を子どもに考えさせ，ロールプレイとして実演させる。
（例：物語の主人公とそのお友だちの役割をクラスの子どもたちに演じさせ，両者の態度，言葉の言い方などを疑似体験させる。）

④表現：体験や物語から学んだことについて，描く，書くという表現活動を行なう。また，自分と他者の心中にある思いを手紙，物語の続きとして書かせる。
（例：主人公と友だちの気持ちを考えたことをふまえ，なぜ仲間はずれになっているのか，これからどのようにしたら良いのかなどを物語の主人公へ手紙として子どもたち各自が表現する。）

以上のような4つのステップを実践する中で，子どもは教師や他の子ども

と交流しあい，自分と相手の気持ちを学級全体と共有，理解しながら役割取得能力を向上することができる。こうした教育的効果は，渡辺（2001）によって幼稚園や小学校での実践報告がなされており，今後さらなる道徳教育の発展に寄与するものといえる。

▶ 3　終わりに

　本章では，子どもにおける道徳心と共感する心の発達を示し，それらが家庭を出発点として，学校を含むさまざまな対人関係の中で高まることを述べてきた。近年，核家族や少子化など子どもの周囲の状況が激変する中で，子どもが家庭や学校におけるさまざまな年齢の者と交流することは社会性を育むうえでたいへん重要といえよう。したがって，家庭や学校の機能低下が危惧されているが，それらの在り方を私たち大人の責務として再度確認する必要がある。

　また，家庭や学校の役割において最も大切なことは，私たち大人が子どものモデルとして存在することである。たとえば，大人は子どもと「ありがとう」や「ごめんなさい」と素直に言い合ったり，子どもとともに公共の場や自然への理解を深めたりすることを心がけたいものである。このような姿勢は，大人自らが社会性を身につけた人間として子どもへ手本を示すこととなり，子どもの社会性を増進させることに繋がる。大人の自らの振り返りから始まり，大人とともに歩むことができる豊かな社会性の育みは，子どもの成長過程において欠かせない心の教育なのである。

第3章 三歳児神話は本当か
―動物実験のデータを中心として―

　三歳児神話とは，ヒト乳幼児期における初期経験，特に母親による育児の役割の重要性を述べたものである。神話の語義からもわかるように，この概念には科学的な根拠がないにもかかわらず一般的に正しいと考えられている。本章ではまず発達の規定因を概観し，その後動物の初期経験に関する実験および観察として，刻印づけ，環境エンリッチメント，愛着の形成と社会的隔離を紹介する。これらのことから，三歳児神話が本当かどうかを検討するのが本章の目的である。

1節　はじめに

　三歳児神話とは，おもに3歳までの乳幼児期の子どもにとっては母親の愛情が大切であり，母親が育児に専念しないと子どもが寂しい思いをし，将来的に取り返しのつかないこころの傷を残す場合があるという古くからの考えである。この意味で，三歳児神話は初期発達段階の重要性を示しているといえる。近年少年犯罪の増加・凶悪化がマスコミで話題になっているが，このような子どもの行動について言及する際，その原因を当該の子どもの幼少期に母親が働いていたことに原因を求める傾向にある。このような風潮のため，三歳児神話の存在が乳幼児をもつ女性の労働を断念する大きな要因の1つとなっているように思える。ところが，三歳児神話は一般的であるにもかかわらず，その背景に科学的な根拠があるわけではない。実際，平成10年（1998年）度の厚生白書には，「三歳児神話には少なくとも合理的な根拠は認められない」と記載されている。しかしその後，厚生労働省は2002年の国会において，「三歳児

神話は，明確にそれを肯定する根拠も否定する根拠も見あたらないというのが事実」と軌道修正を行なっている。

　これまで，三歳児神話が本当かどうかについて国内外で数多くの見地から議論されてきた。本章では，発達がどのような要因によって規定されるのかを概観した後，初期経験に関するいくつかの動物実験および観察を紹介し，実証的な観点から三歳児神話が本当かどうかを検討する。

2節　発達の規定因

　子どもをもつ親にとって，子どもの発達はきわめて身近でかつ大きな関心事である。子どものおしめが取れる時期が遅いと嘆く一方で，意味のあることばをしゃべるようになったと喜ぶ光景はよくみられる。また，書店には育児に関する書籍が並んでおり，発達に関する話題はわれわれの日常生活において身近なものといえる。それでは，そもそも発達はどのような要因によって規定されているのだろうか。この問題は，人間の性質が生まれながらに決定されているのか，あるいは誕生後の環境によって決定されるのかという観点から，古来プラトンやアリストテレスによって論じられていた。この議論は遺伝学が発達した現在でも行なわれているが，この議論に最も大きな影響を与えたのは，19世紀半ばに活躍したGalton, F. であろう。Galtonは，種の起源や進化論で有名なダーウィンの従兄弟にあたり，相関の概念を始めとするデータの統計的処理技法を発見したこと，現在多くの領域で利用されている質問紙調査を始めて行なったことでも知られている。Galton自身は発達の規定因について遺伝説の立場に立っているが，彼が議論の際に用いた"Nature or Nurture"（環境か遺伝か）ということばは，現在でもよく引き合いに出されている。

▶ 1　環境説（経験説）

　環境説（経験説）とは，人間の示す種々の性質は環境の影響を受けながら徐々に形成される，という考えである。イギリスの経験論者ジョン・ロックが述べた「タブラ・ラサ」ということばが，環境説の考えを端的に表わしている。タブラ・ラサはラテン語で真っ白な紙を意味することばである。つまり環

境説とは，ヒトが産まれたときはいわば白紙の状態であり，生育環境，またその環境で学んだ事柄によってヒトの性質が形成されるという考えである。また，アメリカの行動主義心理学者 Watson（1930）は以下のように述べ，環境説を支持している。

『わたしに1ダースの健康でよく育った乳児と，彼らを養育するための環境を与えてほしい。そうすればそのうち1人を無作為に取りあげて，訓練してわたしが選ぶどのような型の専門家にでも育てあげてみせよう。…（中略）…医師，法律家，芸術家，大商人，そう，乞食や泥棒にさえも。彼の才能，好み，傾向，適性，先祖の民族に関係なく。』

環境説を支持する事例として，通常のヒトの生育環境から隔絶されたまま成長した野生児の例があげられる。たとえば，1797年に南フランスのアヴェロンで民家のごみを漁ってところを発見された推定年齢11〜12歳の男児ヴィクトールの事例が有名なものであろう。ヴィクトールの事例は「アヴェロンの野生児」とよばれており，医師ジャン・イタールによる5年間の詳細な記録が残されている（Itard, 1978）。また，1920年にはインドのミドナプール付近で狼とともに生活を送っていた2人の少女（カマラ：推定年齢8歳，アマラ：推定年齢1.5歳）が発見されている。彼女らはキリスト教の伝道師ジョセフ・シング牧師によって保護，養育された。シング（Singh, 1977）によれば，アマラとカマラは発見当時人間のことばを理解できなかったばかりか，狼のように夜行性で四つ足歩行をしており，地面に置いた食器から生肉を食べたという（図3-1）。いずれの事例においても，養育者が人間社会において生活ができるように教育した結果，ある程度は人間らしい行動様式を身につけることができた。しかしながら，言語的側面では簡単な単語しか理解することができず，彼らの言語能力は同年代の子どもと比べて劣っていたという。

これらの事例が報告された当時，言語能力における教育の効果が低かった原因として，彼らが乳幼児期に教育を受けていなかったことが考えられていた。しかし，Bettelheim（1978）はこれらの報告において暗闇で目が光る，尖頭歯（犬歯）が異常に発達している等，生物学的に矛盾する記述が多々見受けられることを指摘している。これらの事例についての現在有力な見解は，実の親に

図3-1　地面に置いた食器から生肉を食べるカマラ
(Singh, 1977)

ある程度まで育てられた自閉症児が遺棄されたのではないかという説である。その根拠の1つとしてBettelheim（1978）は，彼らの音に対する認知の歪みが自閉症児のそれと類似していることを指摘している。通常，われわれは耳元で鳴らされた大きな音に対しては驚愕反射という無条件反応を示すが，彼らは大きな音に対する無条件反応は示さなかった。ところが，われわれが気にも留めないような軽微な音に対して彼らは敏感に反応したことが記述されており，このような音に対する認知の歪みが自閉症児と類似しているというのである。そのため，野生児が自閉症的な障害をもっていなければ，成長後に教育を行なってもある程度は健常に近い程度の言語能力を獲得できるとも考えられている。このことから，環境のみが発達の規定因と考えることは困難である。

▶ 2　遺伝説（生得説）

生後の環境・経験を重視する環境説に対し，遺伝説（生得説）では，人間の示す種々の性質は生得的に内在する遺伝的な要素が発現したものである，と考えている。フランス革命に多大な影響を及ぼしたとされるルソーや，ドイツ観念論哲学の祖であるカントは，人間の性質は生まれながら不変のものであると

述べている。これらのことから，これら偉大な哲学者はヒトの発達について遺伝説の立場を取っているといえる。遺伝説を検証するための研究手法として，家系研究がある。家系研究とは，同一家系の中で特徴的な特性を備えた人物が出現する頻度を調べることによって，その特性が遺伝するか否かを検討しようとする方法である。

前述の Galton は卓越した才能を備えた人物の家系を調査し，ある家系には特徴的な特性を有する優秀な人物が排出されていることを発見した。たとえば，「G線上のアリア」や「トッカータとフーガ」の作曲家として知られる大バッハ（ヨハン・セバスチャン・バッハ）の家系からは，同じく優秀な作曲家であるヨハン・ミヒャエル・バッハやヨハン・クリスト・バッハが輩出されている。その他にも，数学者のダニエル・ベルヌーイ，画家のティツィアーノ・ヴェチェッリオなども，それぞれの家系の中から優れた才能を有する人物が排出していることで有名である。初めのうち，このような天才の家系研究は遺伝説を支持する研究であると考えられていた。しかし，同一家系に属する人物では教育的側面，経済的側面等の環境要因が類似していることが多いため，実際には環境要因と遺伝要因を分離することができない。

環境要因と遺伝要因の交絡を回避するための手法として，双生児法がある。双生児には一卵性双生児と二卵性双生児があり，一卵性双生児はもともと1つの受精卵が2つに分かれ，独立した2人の個体に成長したものである。そのため，一卵性双生児の遺伝子共有率は100%である。それに対し，二卵性双生児ではもともと2つの独立した受精卵が個別に成長したもので，遺伝子の共有率は通常のきょうだいと同等のおよそ50%である。双生児法では一卵性双生児の遺伝要因が同一であることを利用し，一卵性双生児に見られた差異を環境要因に帰属する。図3－2は，人間の身体的・病理学的測度における一卵性双生児と二卵性双生児の相関係数を示したものである。指紋隆線数や身長，体重といった身体的測度では，二卵性双生児の相関係数は0.5前後である。これに対し，一卵性双生児ではいずれの測度においても0.8から1.0の相関係数が得られている。これらのことから，身体的測度に関しては明確な遺伝的影響が認められる。一方，胃潰瘍やリューマチ性関節炎，高血圧，乳ガンといった病理学的測度においても，一卵性双生児の相関係数は二卵性双生児より

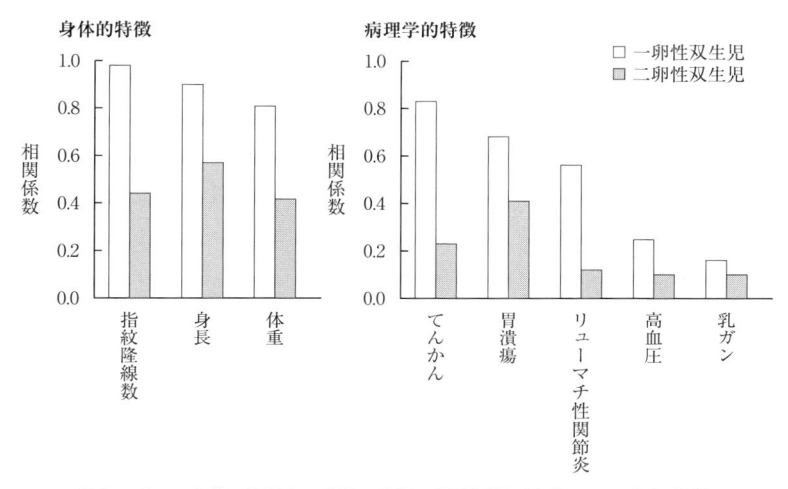

第3章　三歳児神話は本当か―動物実験のデータを中心として―

身体的特徴／**病理学的特徴**（指紋隆線数，身長，体重／てんかん，胃潰瘍，リューマチ性関節炎，高血圧，乳ガン）の一卵性双生児と二卵性双生児の相関係数のグラフ

図3-2　一卵性双生児と二卵性双生児の相関係数（安藤，2000より改変）

身長，知能指数，学業成績について同一環境と別環境で育てられた一卵性双生児の相関係数のグラフ

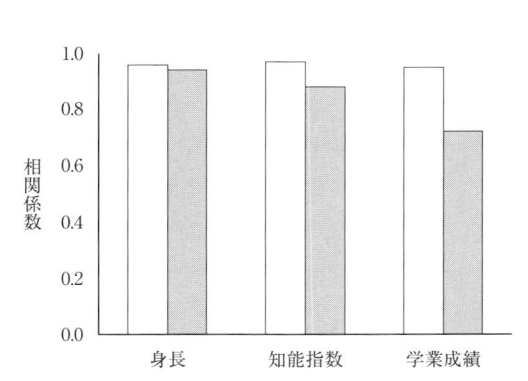

図3-3　同一環境で育てられた一卵性双生児と別々の環境で育てられた一卵性双生児の身長，知能指数，学業成績それぞれの相関係数
（Jensen, 1968より改変）

も高くなっている。しかし，これら病理学的測度における一卵性双生児の相関係数は身体的測度のそれよりも低く，遺伝が及ぼす影響は大きくないと考えられる。

　双生児法では通常同一環境で育てられた2人の双生児を比較するが，生ま

れてまもなく双生児の一方が養子に出された等の事情により，異なる環境で育てられた双生児を比較する手法もある。図3－3は，同一環境で育てられた一卵性双生児と，異なる環境で育てられた一卵性双生児の相関係数を示したものである（Jensen, 1968）。一卵性双生児と二卵性双生児を比較した図3－2と同様，身長については生育環境の相違にかかわらず相関係数が高い。これに対し，異なる環境で育てられた一卵性双生児の知能指数や学業成績は同一環境で育てられた一卵性生児と比較して低いことがわかる。これらのことから，発達の身体的側面には遺伝要因が大きく影響するのに対し，発達の知的側面には環境要因が少なからず影響することが示唆される。

▶ **3 環境閾値説（相互作用説）**

　ここまで述べてきたように，環境あるいは遺伝要因が単独で人間の発達を規定しているとは考えにくい。人間の発達を規定する要因についての議論にいちおうの決着をつけたのは，Stern の輻輳説である。輻輳説では，発達は環境要因と遺伝要因が加算的に作用し，両者が収束した結果であると考えている。しかしながら，輻輳説は両要因が単純に加算されると考えていたため，今日では受け入れられていないのが現状である。

　前述のように，一卵性双生児においても知的発達には環境要因が少なからず影響を及ぼすが，学習に適した環境であればあるほど，それに対応した知的発達がみられるというわけではない。Jensen（1968）は，環境条件が劣悪な場合には発達が妨げられるが，一定水準の環境を満たしていれば，それ以上の環境の違いは大きな影響を及ぼさないと考えた。Jensen はこの考えを「環境は閾値要因として働く」と表現したため，環境閾値説とよばれる。閾値とはある反応が起こるか起こらないかの境目の刺激量を指し，閾値以上の刺激であれば反応が起こり，閾値以下の刺激であれば反応が起こることはない。また，環境要因と遺伝要因が加算的に作用すると考えた輻輳説に対し，環境閾値説では両要因が乗算的に作用すると考えているため，相互作用説ともよばれる。図3－4は，東（1969）が Jensen の環境閾値説を説明するために作成したものである。特性Aのように閾値が低い場合には，環境条件がきわめて劣悪な場合を除き，遺伝的特性がみられるようになる。身長や体重などの身体特性が特性Aに相

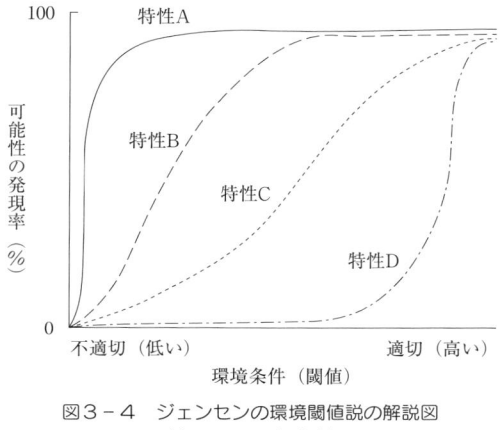

第3章 三歳児神話は本当か―動物実験のデータを中心として―

図3-4 ジェンセンの環境閾値説の解説図
(東，1969より改変)

当すると考えられる。それに対し，特性Dのように閾値が高い場合には，きわめて良好な環境において，あるいは適切な教育を受けることで初めて遺伝的特性が顕在化する。特性Dに相当するものとして，絶対音感や外国語音韻の弁別等が考えられる。特性Bは中程度の閾値であり，知能指数等がこれに相当すると考えられる。また，特性Cのように，明確な閾値が存在しない特性も存在する。特性Cは環境の適切さの変数として特性が顕在化するもので，学業成績等がこれに相当するだろう。

　環境閾値説に従えば，閾値以下の環境条件が閾値以上に変化することにより，知能指数や学業成績の向上がみられるはずである。このような考えを検討するため，生まれて間もなく養子に出された子どもの知能指数を生みの親の知能指数と比較する研究が行なわれている。生みの親が生存しているにもかかわらず子どもを養子に出す理由として，経済的，社会的困難から自分自身で子どもを養育することができないというものが多い。一方，養子を引き受ける家庭は経済的，社会的に裕福であり，教育水準の高い中流以上の家庭が多い。つまり，生まれて間もなく養子に出された子どもたちの大部分は，より好ましい環境で養育されることになる。Scarr & Werinberg（1976）は，養子に出された子どもの平均知能指数は106であり，生みの親の推定された平均知能指数86を大きく上回っていることを報告している。これらのことから，発達の知的側面

は遺伝要因によってのみ規定されるのではなく，環境要因によって変化することがうかがえる。

3節　初期経験に関する動物実験・観察

　初期経験ということばは，初期学習とほぼ同義に使われている。いずれの場合でも，動物の出生直後から短期間の時期に経験した事柄が，成長後の動物の行動に影響を及ぼすことを意味する。この意味で，初期経験は環境要因を操作することによって実験的に検討することが可能である。これまで述べてきたように，人間の発達は環境あるいは遺伝が排他的に影響を及ぼすのではなく，両者が相互に作用すると考えられている。発達に影響を及ぼすこれら2つの要因のうち，心理学の領域では環境要因を実験的に操作した初期経験についての実験が従来から数多く行なわれてきた。ここでは，初期経験に関する代表的な動物実験・観察を紹介する。

▶1　刻印づけ（刷り込み）

　動物実験および動物観察から得られた初期経験に関する報告のうち，最も有名なものはLorenz（1983）による刻印づけ（刷り込み）であろう。ウィーン大学医学部で医師の資格を取得した後同大学で動物学を学んだLorenzは，種々の動物の行動を詳細にわたって観察，研究を行なった。刻印づけは，彼自身が観察目的で孵化させていたハイイロガン「マルティナ」の観察に端を発する。彼は，ハイイロガンの卵を人工孵化させ，誕生した雛をガチョウに育てさせていた。ガチョウが孵化させた雛はガチョウのうしろを追随し，ガチョウを親とみなしているようにふるまった。ある時，Lorenzが目の前で1つの卵を孵化させたところ，その雛は彼を追随するようになり，彼を親と見なしているようにふるまった。Lorenzはこの雛をガチョウに育てさせようと何度も試みたが，そのたびに雛はガチョウを離れ，彼のもとへ戻ってきた。Lorenzはこの雛に「マルティナ」と名前をつけ，自身の手で育てている。このように，「マルティナ」のLorenzに対する追随反応が消去されなかったことから，刻印づけは不可逆的な現象であると考えられた。通常の学習成立には刺激の反復提

示が必要とされるが，刻印づけは1回の刺激提示で成立する。さらに，刻印づけはその後も長期間にわたって維持される。これらのことから，Lorenzはあたかも雛の頭の中に一瞬の出来事が印刷されるかのようだとの意味でこの現象を刻印づけとよんだ。なお，Lorenzはこの他にも多くの動物種の行動観察を行ない，動物行動学（エソロジー）を開拓した功績により，1973年にノーベル医学生理学賞を受賞している。

　Lorenzによる刻印づけの報告を検証するために，観察条件を整えた実験室での実験研究が行なわれるようになった。たとえばHess（1959）は，刻印づけの成立について，孵化後1時間から35時間が経過した複数の雛を用いた実験を行なった（図3-5）。実験は刻印づけ期とテスト期から構成されている。刻印づけ期では，声を出しながら動く模型の親鳥と雛を装置の中に入れた。刻印づけ期終了後雛を暗室に入れ，一定時間経過後，2種類の模型の親鳥と雛を装置に入れ，刻印づけの成立割合を比較した（テスト期）。テスト期で用いられた模型親鳥の一方は刻印づけ期に用いたものであり，他方は刻印づけ期で用いられた模型親鳥とは異なる形，異なる音を発する模型の親鳥であった。刻印づけ期に追随した親鳥に対してテスト期にも追随を行なえば，刻印づけが生起したことになる。テスト期の結果は図3-6に示すように，雛の孵化後13時間から16時間の間に親鳥に出会った時に刻印づけは最も成立しやすく，29時

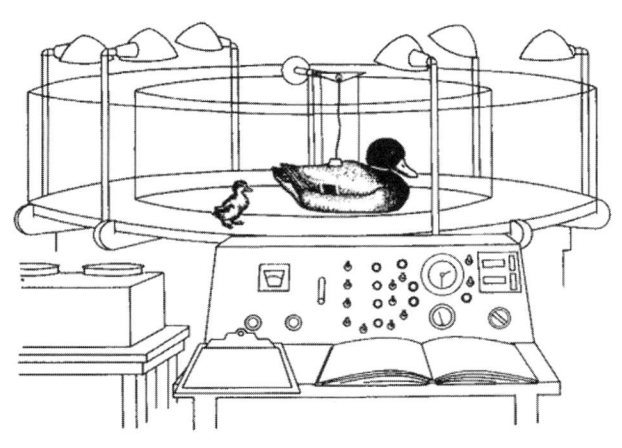

図3-5　刻印づけの実験装置（Hess, 1959）

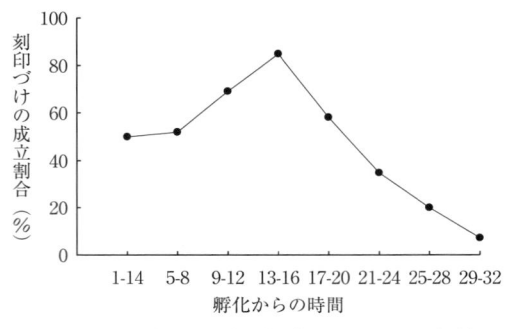

第1部　成長のしくみを理解するために

```
    100
刻   80
印
づ   60
け
の   40
成
立   20
割
合    0
(%)    1-14 5-8 9-12 13-16 17-20 21-24 25-28 29-32
              孵化からの時間
```

図3-6　刻印づけの臨界期（Hess, 1959より改変）

間以降ではほとんど成立しなかった。このことから，刻印づけが成立するためには孵化後特定の時期に動くものを見ることが重要だという臨界期の存在が明らかになった。

　これらの刻印づけの観察および実験結果からは，初期経験がその後の母子関係の発達に決定的な影響を与えることがわかる。しかし，その後行なわれた研究から，臨界期はそれほど固定的でないことが報告され，敏感期ともよばれるようになったが，生後初期の比較的限られた時期における経験の重要性を示す実験といえる。

▶ **2　環境エンリッチメント（豊かな環境）**

　哺乳類を用いた実験のうち，環境要因が発達に及ぼす影響がくり返し確認されているのは環境エンリッチメント（豊かな環境）の実験であろう。契機となったのは，1960年代にカリフォルニア大学バークレイ校のRosenzweigとその同僚らが行なった研究である。通常，環境エンリッチメントの実験では豊かな環境条件で飼育されたラットと，貧しい環境条件で飼育されたラットの2群が用いられる。豊かな環境条件では，梯子や回転輪，トンネル，巣をつくるための草などが与えられ，大きなケージで多数のラットが飼育される。一方，貧しい環境条件では玩具等が設置されていない，単独飼育用の小さなケージに1匹だけで飼育される（図3-7）。つまり，豊かな環境条件のラットは，貧しい環境条件のラットと比較して物質的，社会的に豊富な刺激を経験することができる。離乳直後のラットをいずれかの環境条件で2か月程度継続して飼

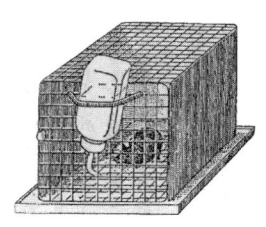

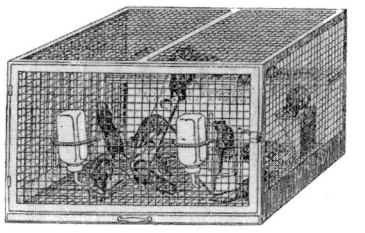

第3章 三歳児神話は本当か―動物実験のデータを中心として―

貧しい環境　　　　　　　　豊かな環境
図3-7　環境エンリッチメントにおける飼育条件
（Diamond, 1988 より改変）

育すると，豊かな環境条件のラットでは脳重の増加，脳の重要な構成要素であるニューロンの成長など，さまざまな脳の変化がみられることがわかってきた。たとえば，Bennettら（1969）は，豊かな環境条件で飼育されたラットの平均脳重は1574mgであり，貧しい環境条件で飼育されたラットの平均脳重1530mgよりも重いことを示している。また，従来は動物の誕生以後ニューロンは死滅する一方だと考えられていたが，近年では動物が成体になった後でもニューロンが新しく生まれること（神経新生）がわかっており，環境エンリッチメントによって神経新生が増加することが報告されている。

　このような生理学的研究を背景として，豊かな環境が学習能力に及ぼす効果が検討されている。たとえば，Nilssonら（1999）は，モリス型水迷路とよばれる空間学習課題でラットの学習能力を評価した。この課題では，墨汁で黒濁させた水を入れた直径1.5メートルほどの円形プールを装置として用いる（図3-8左）。このプール内の一定の位置には頂上が水面下にある円柱状の逃避台が配置されている。そのため，プールに入れられたラットは逃避台を見ることができない（図3-8右）。そのため，ラットはプール外の刺激配置を手掛として水面下にある逃避台位置を探す必要がある。約2か月間豊かな環境か貧しい環境のどちらかで飼育を継続した後この課題で実験を行なったところ，豊かな環境条件のラットは貧しい環境条件のラットよりも逃避台に到達する距離が短かった（図3-9上）。また，豊かな環境条件で飼育されたラットの神経新生は貧しい環境で飼育されたラットよりも神経新生が増加していた（図3-9下）。これらのことから，環境要因によって脳に解剖学的変化が生じるだけでなく，行動上の変化が認められることがわかる。

第1部　成長のしくみを理解するために

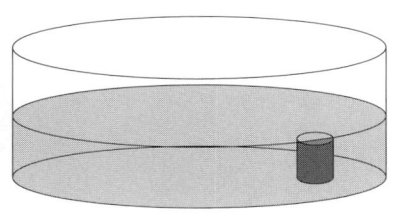

図3-8　モリス型水迷路の装置

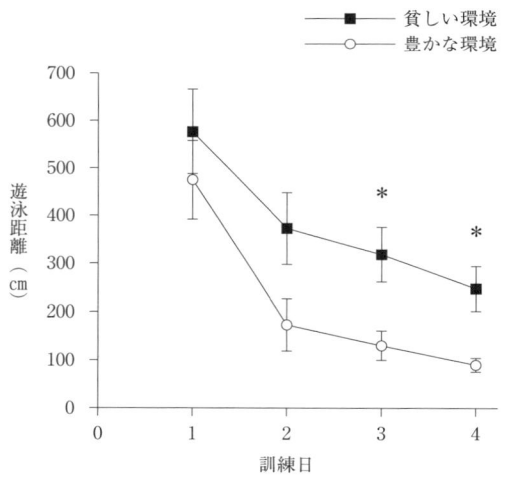

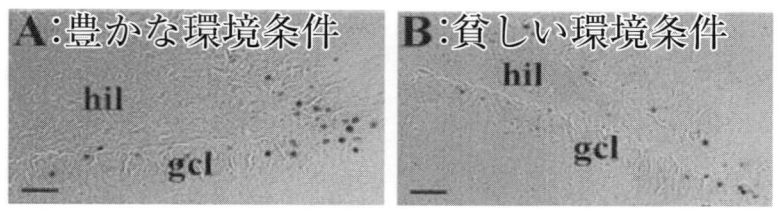

図3-9　環境条件による学習能力（上図）と神経新生数（下図）の違い
（Nilsson et al., 1999 より改変）
下図図中の黒点は新生細胞を示す。

通常，環境エンリッチメントの実験ではいずれかの環境条件で2か月程度の飼育を行なうが，より短い期間の飼育でも環境エンリッチメントの効果があることが報告されている。Isoら（2007）は，マウスを貧しい環境で6週間飼育した後，豊かな環境で2週間飼育を行なった。これらのマウスの学習能力および新生細胞数を8週間豊かな環境で飼育されたマウスと比較したところ，いずれの測度においても両群に差は認められなかった。また，これら2群のマウスと8週間貧しい環境で飼育されたマウスを比較したところ，これら2群のマウスの学習能力は優れており，新生細胞数も多いことがわかった。このことから，離乳後間もない時期に貧しい環境を経験した場合であっても，その後比較的短期間の環境エンリッチメントによって解剖学的，行動学的変化が認められることがわかる。

▶ **3 愛着の形成と社会的隔離**

本節の最後に，より高次の脳機能を有するサルを被験体として，愛着の形成と社会的隔離の効果を検討した実験を紹介する。愛着とは，特定の対象に対する特別な情緒的結びつきを指す。アメリカの心理学者Searsは，学習理論に基づいて母子関係における愛着の形成を説明した。Searsによれば，母親に対する乳児の愛着は，授乳による飢餓動因の低減によって獲得された二次動因をもとに形成されるという。食物や水，睡眠等の生理的欲求を満たそうとする動因を一次動因とよぶのに対し，生理的欲求には直接関係せず，学習や経験によって発達する動因を二次動因とよぶ。つまりSearsの考えは，乳児は自らの飢餓動因（一次動因）が母親から授乳されることによって低減され，乳児はこれをくり返し学習すること（二次動因）によって愛着が形成されるということになる。Searsのこの見解に対し，アメリカ心理学会会長を務めたこともある霊長類研究所のHarlow（1962）は，生まれたてのアカゲザルを母親から隔離して広い個室に入れ，2つの代理母を与えた。一方は針金でできた人形（ハードマザー，図3-10左）であり，他方は柔らかな材料でできた人形（ソフトマザー，図3-10右）であった。被験体のうち，半数のアカゲザルにはハードマザーの胸に哺乳瓶をつけ，残り半数のアカゲザルにはソフトマザーの胸に哺乳瓶をつけた。それぞれの代理母に対する接触時間を測定したところ，どちら

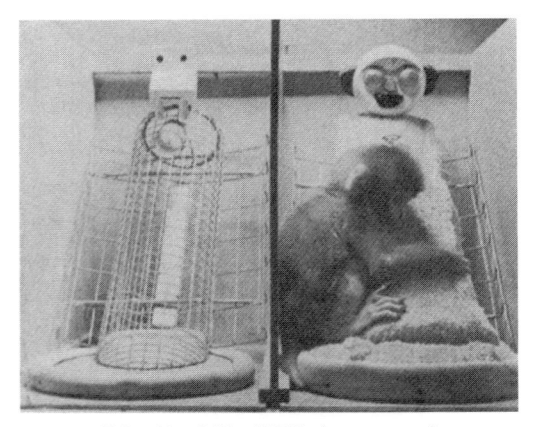

図3-10 2種の代理母 (Harlow, 1962)

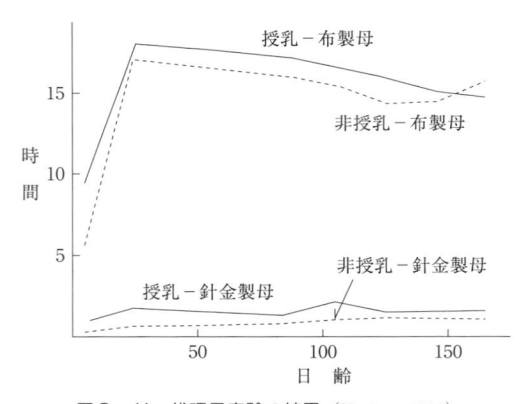

図3-11 代理母実験の結果 (Harlow, 1962)

の代理母から授乳されていたかにかかわらず，ハードマザーよりもソフトマザーに対する接触時間が長かった（図3-11）。また，2つの代理母を隣接して設置しておくと，アカゲザルは下肢でソフトマザーにしがみついたまま，乳を飲むために口や上肢だけをハードマザーに近づけるなどの行動が観察された。授乳対象であるハードマザーへの接触時間が少ないというHarlowの実験結果は，学習理論に基づくシアーズの見解と一致しない。

また，Harlowは代理母が授乳する条件の他に，さまざまな隔離条件下でアカゲザルを育てた後，他のアカゲザルの集団に戻したときの行動を観察してい

表3－1　生育条件の違いが成長後の行動に及ぼす効果（金城，1996より改変）

生育条件	成長後の行動評定			
	なし	低い	ほぼ正常	正常
正常母ザル及び他の小ザルと遊ぶ				■□○
代理母及び他の小ザルと遊ぶ				■□○
代理母のみと生後6か月間を過ごす			□	
部分隔離で生後6か月間を過ごす		■○	□	
完全隔離で生後2年間を過ごす	■□○	■○		
完全隔離で生後80日間を過ごす			■□○	

■：遊び　□：防衛反応　○：性反応

る。表3－1は，生育条件の違いが成長後の行動に及ぼす効果をまとめたものである。通常の母ザルに育てられ，一日20〜30分間他の子ザルと遊ぶ機会が与えられた場合には，遊び行動，防衛反応，性反応とも正常な発達が見られた。母ザルの代わりに代理母を用いた場合でも，他の子ザルと遊ぶ機会が与えられた場合には，すべての行動が正常に発達していた。このことは，他の小ザルとの接触を経験することができるのであれば，母ザルといっしょでなくとも社会行動が学習されることを示している。しかし，代理母で育ち，他の子ザルと遊ぶことができない条件で生後6か月間を過ごした場合，防衛反応はほぼ正常であるが，遊び行動，性反応は十分に行なえないようであった。このことからも，他の子ザルと遊ぶ経験がその後の社会性の発達にとって重要であることがわかる。また，他のサルの姿，声は知覚することができるが，接触することのできない部分隔離条件で生育した場合，適切な社会行動を学習することができなかった。さらに，他のサルの姿，声をまったく知覚することのできない完全隔離条件で生後2年まで生育された場合，適応的な社会行動を取ることができなかった。ただし，完全隔離条件であっても生後80日までの飼育の場合，サルの集団に戻されてもほぼ正常に近い社会行動が見られている。

4節　終わりに

　前述の通り，三歳児神話とはヒトの初期発達段階の重要性を示す概念である。大日向（2000）は，三歳児神話が3つの要素から構成されていると考えている。第一の要素は，子どもの成長にとって3歳までが非常に大切だという考え方である。第二の要素は，子どもにとっての大切な時期だからこそ，生得的に育児の適性をもった母親が養育に専念すべきだという考え方である。そして，第三の要素は，母親が育児に専念しないと，子どもは将来にわたって成長に歪みをもたらすという考え方である。ここでは，本章で紹介してきた内容をもとにして，三歳児神話を構成すると考えられているこれら3つの要素を検討する。

　まず，子どもの成長にとって3歳までが非常に大切な時期だという第一の要素について考えてみる。Eriksonの発達段階によれば3歳までは乳児期と幼児前期に相当し，家庭内では愛着の形成や生活習慣の自立，保育園などの家庭外では社会性の獲得などが重要な課題である。課題の達成が後の発達に大きな影響を与えることを考慮すると，3歳までの初期発達段階の重要性を否定することはできない。しかし，児童期では道徳的基準や性役割の基準獲得，青年期ではアイデンティティの確立など，3歳以降でもそれぞれの発達段階に応じた課題が存在する。このことから，3歳までの時期の影響が後に取り返しがつかないほど決定的に重要だと結論するのは性急である。

　次に，三歳児神話の第二の要素は，3歳までは子どもにとっての大切な時期だからこそ，生得的に育児の適性をもった母親が養育に専念すべきだという考えである。この第二の要素は，Harlow（1962）の実験結果と相反する。すでに述べた通り，Harlowは社会行動の学習において重要なものは他の子ザルとの接触を経験できる社会的事態であり，母ザルの存在ではないことを示している。つまり，この構成要素のうち，「母親が養育に専念すべきである」という部分についての根拠は見られないということになる。養育は母親だけが行なえる行動ではなく，父親や子どもの祖父母を始めとする人物でも行なえる行動である。近年，かつては考えられなかった育児放棄が増加しつつあるが，多くの

場合は母親が育児に負担を感じることが育児放棄の原因であると推察されている。育児に対する母親の負担を軽減するという意味でも，家庭が一体となって子どもを養育することが必要であろう。

　最後に，三歳児神話の第三の要素は，母親が育児に専念しないと，子どもは将来にわたって成長に歪みをもたらすという考え方である。第三の要素についても，動物実験からは必ずしも決定的でないことが報告されている。かつては非常に短い時間に限定されると考えられていた刻印づけも，その後の研究ではそれほど限定的・固定的なものではないと考えられるようになった。また，Rosenzweigらの研究を始めとして数多く行なわれてきた環境エンリッチメントの実験から，動物は環境要因によって解剖学的，行動学的に変化することが示されている。さらに，離乳後間もない時期に貧しい環境を経験した場合であっても，その後2週間の環境エンリッチメントを施すことによって可塑的変化が認められること（Iso et al., 2007）から，若齢期の環境が好ましくなくとも，その後の環境しだいで適切に発達を遂げると考えられる。先に述べたIsoらの実験ではマウスを用いているため，2週間という環境エンリッチメントの期間をそのままヒトに適応することはできない。しかしながら，若齢期の環境がその後の成長に決定的な影響を与えるという三歳児神話の第三の要素と合致しないと考えることは妥当だろう。

　これらの動物を用いた観察や実験の結果をふまえると，三歳児神話は本当かという問いに対する答えはノーである。特に子どもの発達における母親の役割を過度に強調する部分は，十分な科学的根拠のない神話であると考えられる。育児ノイローゼということばが一般的になりつつある昨今，家庭環境や保育環境等を考慮した上で，社会全体の問題として子どもの発達を考えることが必要であろう。

第2部　学びのしくみを理解するために

第2部　学びのしくみを理解するために

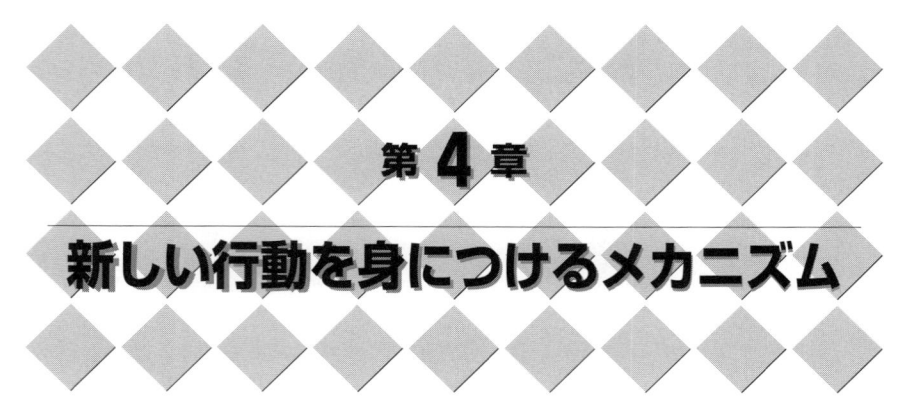

第4章 新しい行動を身につけるメカニズム

　この章では，新しい行動を身につけるメカニズムである「学習」に関する解説を行なう。心理学では学習とは「経験によってその後に行動が変容すること」と定義される。子どもがお手伝いをしてほめられると，その後も頻繁にお手伝いをするようになるのがその一例である。つまり，学習は「しつけ」と密接に関連する。また，第5章および第6章の「やる気」，および第9章の「ペアレント・トレーニング」，さらに第8章で紹介される実験の理解の上でも重要である。

1節　学習の基本原理

　心理学において学習とは，「経験による比較的永続的な行動の変容」と定義される。すなわち，学校場面での勉強としての学習に限定されず，より広く生活のあらゆる場面での学習が対象となる。1節では，この意味での学習において最も重要な4つの基礎的原理について解説する。その原理とは，馴化，古典的条件づけ，オペラント条件づけ，観察学習である。このうち本書において最も重要になるのがオペラント条件づけであり，それについては第2節以降でも詳しく取りあげる。

▶ 1　馴化

　馴化（habituation）とは，刺激がくり返し提示されること（あるいは持続して提示されること）により，その刺激に対する反応が弱まることである。たとえば，家の近くで工事が始まりハンマーの音が聞こえれば驚くが，何度もハン

第4章　新しい行動を身につけるメカニズム

マーの音をくり返し聞くうちに徐々に驚かなくなっていく。ここでハンマーの音が刺激，驚きが反応である。馴化は最も単純な学習の形態であるが，日常生活の中で重要な意味をもっている。たとえば，ハンマーの音に対する馴化が生じなければ，工事が続いている限り家で勉強をするのが非常に困難であり続けるであろう。

　馴化は生体にとって重要でない刺激に対してのみ生じる現象であると主張されることがあるが，それは正しくない。後述するオペラント条件づけにおいて強化子として用いられる刺激は，食物や電気ショックなど一般的に報酬や罰とよばれる生体にとって重要な刺激であるが，それらに対しても馴化は生じ，報酬や罰としての有効性は低下することがある（Aoyama & McSweeney, 2001; McSweeney, 2004）。したがって，報酬や罰の使用にあたっても馴化の性質を考慮する必要がある。この意味において最も重要な馴化の性質は，刺激が単調であるほど馴化の進行がいちじるしいということである。たとえば，ハンマーの音が毎回同じである場合と，叩く対象が変わりそのつど音色が変わる場合とを比べれば前者の方が馴化が速く進行する。また，同じ音であっても，一定の間隔で提示される場合と不規則な間隔で提示される場合では前者の方がやはり馴化の進行は速やかである。したがって，報酬や罰の効力を維持するためには，それらを単調に与えるのではなく，バラエティーをもたせることが重要となる（第9章2節も参照）。

▶ 2　古典的条件づけ（パヴロフ型条件づけ）

　古典的条件づけ（classical conditioning）は，パヴロフ型条件づけともよばれ，最も有名な例が，パヴロフの犬である。つまり，犬はベルの音を聞いても唾液を分泌しないが，ベルを聞いた後に肉を与えられる経験をくり返すと，やがてベルの音を聞いただけで唾液が出るようになるというような行動の変化が，古典的条件づけである。古典的条件づけの定義は，複数の刺激を組み合わせて提示することにより，刺激に対する反応が変化すること，となる。より簡単には，刺激間の関係性の学習ということもできる。通常は2つの刺激が組み合わせて提示されるが，組み合わせて提示することを対提示とよぶ。パヴロフの犬の例では，ベルの音という刺激と肉という刺激を対提示したことによ

り，ベルの音に対する反応が変化している。この場合，反応が変化した側の刺激（例ではベルの音）を条件刺激，他方の刺激（肉）を無条件刺激，条件刺激に対して新たに獲得された反応（ベルに対する唾液分泌）を条件反応，無条件刺激に対して生じる生得的な反応（肉の提示に対する唾液分泌）は無条件反応とよばれる。条件刺激は conditioned stimulus で通常 CS と省略して呼ばれる。同様に無条件刺激は unconditioned stimulus で US，条件反応は conditioned response で CR，無条件反応は unconditioned response で UR とよばれる。

　古典的条件づけの例としてはパヴロフの犬があまりにも有名であるために，犬が唾液を出すかどうかの話に過ぎないと誤解されることが多いが，実際には日常生活のさまざまな局面で重要な役割をはたす。その1つの例が情動反応の古典的条件づけである。中性の条件刺激がポジティブな無条件刺激と対提示されると，中性の条件刺激のみを提示した場合にも条件反応としてポジティブな情動が生じ，反対に中性の条件刺激がネガティブな無条件刺激と対提示されると，中性の条件刺激に対して条件反応としてネガティブな情動が生じる。たとえば光刺激（条件刺激）を提示した後に電気ショック（無条件刺激）が与えられるという経験をくり返すと，光刺激のみの提示に対しても恐怖や不安といった情動反応が生じるようになる。恐怖症はこの原理により獲得された症状であると考えられる。

　古典的条件づけは一度成立すると単に時間が経過するだけでは消失しない。したがって，恐怖反応のような望ましくない反応が出ないようにするためには消去という特別な手続きが必要になる。消去とは条件刺激を単独で（つまり無条件刺激と組み合わせずに）提示する手続きである。たとえば，光と電気ショックの対提示をくり返し，光刺激の単独提示に対しても恐怖反応が生じるようになった後で，光刺激のみを提示することをくり返せば，光刺激により生起される恐怖反応は徐々に低下してゆく。これが消去の手続きであり，このようにして条件反応が消失した場合，「消去が生じた」という。学習心理学の理論を応用した心理療法を行動療法とよぶが，行動療法では恐怖症に対しては消去の原理を応用した治療法が用いられている。

　古典的条件づけには消去以外にも重要な性質が多々あるが，ここではスペースの関係でもう1つだけ，般化を解説する。これは，条件刺激に類似した刺

激に対しても，類似度に応じて条件反応が生じることである。たとえば赤い光と電気ショックの対提示を経験した後には，赤い光に似たオレンジの光に対しても恐怖反応が生じる。このことは，学習した条件刺激とまったく同じ刺激が存在する場面でのみ条件反応が生じるわけではないことを意味する。

▶ 3　オペラント条件づけ

　オペラント条件づけ（operant conditioning）とは，行動に対して何らかの結果が伴うことで，その行動の頻度や強度が変化する現象のことである。たとえば，祖母が孫におもちゃをあげるという行動をすると，孫が笑顔を見せるという結果が伴い，その経験により祖母が孫におもちゃをあげるという行動の頻度が増加する。これがオペラント条件づけの1つの例である。あるいは，生徒が授業中に雑談をすると先生から叱られたという経験をすることにより雑談の頻度が低下することもその例である。つまり，頻度や強度の変化は増加する場合と減少する場合の両方が含まれる。

　オペラント条件づけの対象となる行動は一般に「個人が能動的に自ら行なう」と考えられる行動であり，このような行動はオペラント行動とよばれる。このオペラント行動に伴って生じる結果で，オペラント行動の生起頻度や強度に変化を及ぼす刺激や出来事を強化子（reinforcer）とよび，行動に対して強化子を与える手続きを強化（reinforcement）とよぶ。強化子は先行する行動の頻度を増加させる正の強化子と，行動の頻度を減少させる負の強化子に大別され，上記の例における笑顔が正の強化子の例であり，叱責は負の強化子の例である。このように，正の強化子は一般に報酬とよばれるポジティブな事象，負の強化子は一般に罰とよばれるネガティブな事象である場合が多いが，実際には個人によりまた場面により何が強化子として機能するかは異なる。なお，行動に対する強化子の効果は，強化子が与えられる場合だけでなく，除去される場合も考える必要があり，その効果は与えられる場合と反対になる。行動により正の強化子が除去される（例，いたずらをするとお菓子が取りあげられる）ならば行動の頻度は低下し，行動により負の強化子が除去される（例，宿題をすると怒られずにすむ）ならば行動の頻度は増加するのである。

　このように，オペラント条件づけはわれわれの日常生活のあらゆる場面にお

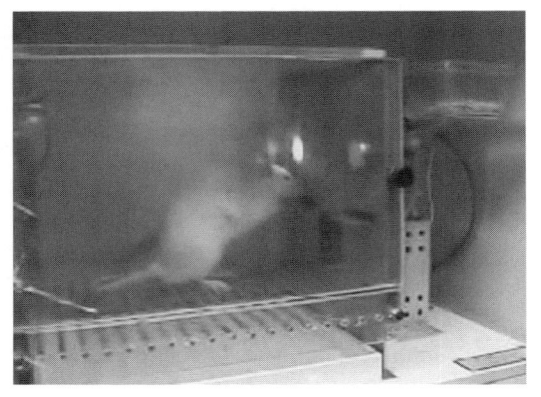

第2部　学びのしくみを理解するために

図4-1　スキナー箱でラットがレバーを押すようす

いてみられる現象であるが，その原理の探求は，スキナー箱（図4-1）とよばれる装置を用いて，ラットなどの小動物を対象として行なわれることが多い。この装置ではラットがレバーを押すと小さな餌粒が与えられる。ここでレバーを押す行動がオペラント行動，餌粒が強化子であり，このような経験によりレバー押し行動の頻度は増加する。ハトを対象として用いることも多く，その場合には，ハトがくちばしで反応用キー（たいていはプラスチックの小さい板）をつつくオペラント行動に餌が強化子として与えられる。

　強化子の効果を決めるもっとも重要な要因の1つに，行動をしてから強化子が提示されるまでの間隔がある。一般に，行動の直後に強化子が与えられる場合が最も効果が強くなり，行動から強化子が与えられるまでの遅延が長くなれば長くなるほど，強化子の効果は弱くなっていく。つまり，報酬を与えるにせよ，罰を与えるにせよ，行動の直後に与えるのがもっとも有効なのである。

　オペラント条件づけにより行動の頻度が変化した後で，オペラント行動に強化子を随伴させないようにする手続きを消去とよぶ。消去の手続きにより，反応の出現頻度は元に戻る。たとえば，スキナー箱でレバーを押して餌を得ることを学習したラットは，消去の手続きを受けると，レバーを押す頻度が徐々に低下していく。

　オペラント条件づけにおいて，オペラント行動および強化子と並んで重要な要素が弁別刺激である。これは行動の手がかりとなる刺激のことで，たとえば

赤い光がついているときにはレバーを押せば餌が与えられるが，ついていないときにはレバーを押しても餌が与えられないという場面では，ラットは赤い光がついているときにのみレバーを高頻度で押すことを学習するが，この際の赤い光が弁別刺激である。母親が笑顔のときにお金をねだる行動をするとお金がもらえるならば，子どもは笑顔のときのみねだる行動をするようになるが，ここでは笑顔が弁別刺激である。

　オペラント条件づけにおいても般化が生じる。たとえば赤い光の時にレバーを押す訓練を受けたラットは赤と似たオレンジの光の時でもかなり頻繁にレバー押しを行なう。このように訓練を受けた刺激と類似した刺激のもとでも反応が生じることが般化である。一方，訓練した刺激と類似性が低い刺激のもとでは反応は生じないが，この場合は弁別が生じているという。たとえば，赤い光の時にレバーを押す行動を訓練されたラットは，緑の光の時にはほとんどレバーを押さない。

▶ 4　観察学習

　以上3つの学習は，学ぶ主体が直接経験をすることにより学習するというものであった。これに対して観察学習とは，他者の行動を観察するという間接体験により学習することであり，特に人間においては重要な役割をはたす。観察学習について明らかになっていることの1つ目は，一般に人間は他者の行動を模倣する傾向があるということである。したがって，テレビなどで暴力を観察した子どもは暴力をふるう確率が高まる。その際，モデルとなる人物により観察学習の生じやすさが異なる。一般に，モデルが自分に類似する性質を備えている場合，自らより立場が上の場合，尊敬に値する対象である場合などに観察学習は生じやすい。したがって，親や教師は子どもに対する有力なモデルとなる。子どもが暴力をふるった場合，親や教師が罰を与えることはオペラント条件づけの原理により暴力行為の生起頻度を下げる効果があるが，一方で罰が子どもへの暴力（つまり体罰）である場合，暴力の有効性を示すモデルを提供していることにもなり，したがってかえって暴力的な傾向を増すことにもつながる。

　観察学習において重要なことの2つ目は，代理強化が有効である点である。

すなわち，モデルが行動の結果として報酬を受け取るか，罰を受けるかを観察した場合，自らは報酬や罰を受けなくても，それにより行動の頻度が前者では増加，後者では低下する。たとえば，大人が暴力をふるった後で罰せられる場面を見た場合では，大人が暴力をふるった後でほめられる場面を見た場合よりも，子どもが暴力行為を模倣することは生じにくい。しかしこのことは，代理の罰を与えれば不適切な行動を学習しないということを意味するのではない。観察した人は，学習した不適切な行動（たとえば暴力）を実行することを控えているだけで，きっかけさえあればその行動を実行することができるのである。

2節　何が強化子となるか

前節では4つの学習の基本的な原理を概説した。ここからは，その中で子どもの「しつけ」や「教育」と最も密接に関係するオペラント条件づけを中心にさらに解説してゆく。まず，本節では，「何が強化子となるか」という問題を解説する。前節で述べたように，強化子とは「オペラント行動に伴って生じる結果で，オペラント行動の生起頻度や強度に変化を及ぼす刺激や出来事」である。スキナー箱でラットがレバーを押した場合に与えられる餌というのが，動物を用いた研究場面の最も代表的な強化子の例である。では，研究場面以外ではどのようなものが強化子となるのであろうか。

日常場面での典型的な例としてイメージされやすいものに，「子どもが宿題をしたごほうびとして親から与えられるお菓子」というものがある。しかし，これはけっして代表的な例ではない。この強化子は，行動の主体（つまり子ども）より立場が上の人物（親）が意図的に与えている。また，お菓子は，宿題をするという行動とは本来無関係で独立なものが任意に選ばれており，そして物質的な刺激である。これらの特徴は，1つとして強化子の本質ではない。

▶1　立場が上の人物が与えるとは限らない

親が子どもにおもちゃを買ってあげると子どもが笑顔を見せるが，その笑顔は親の行動に対する強化子となる。教師が上手に教えたとき子どもは「わかっ

た！」と歓声をあげるが，その歓声は教師の行動に対する強化子となる。

▶ 2　意図的に与えるとは限らない

　直前に述べた例では，子どもは親のおもちゃを買うという行動に意図的にごほうびを与えようとして笑ったとは限らない（もちろんそのような場合もある）。生徒は教師の上手な教え方にごほうびを与えようとして歓声をあげるとは限らない（もちろんそのような場合もある）。そもそも，強化子は誰か意図をもちうる人物によって与えられるとは限らない。たとえば，自転車でスピードを出したままカーブを曲がる行動にはこけて痛い思いをするという負の強化子が伴い，それによりわれわれはスピードを出したまま曲がるという行動の頻度を下げる。

▶ 3　行動と無関係のものとは限らない

　子どもに限らず誰かが何らかの行動をくり返し実行している場合（つまり維持されている場合），そこには何らかの強化子が伴っている。何が強化子であるかは，行動に対する効果によってのみ決定される。言い換えれば，ある行動がくり返し実行されている場合，それを維持している強化子が何であるかについては，その何かが行動の結果として生じるのを止めることによってのみ調べられる。

　たとえば，教室で生徒が不規則発言をする場合，その行動には，級友からの注目を浴びる，先生が顔をしかめるなど，多くの事態が伴う。そして，先生が顔をしかめるのを止めることにより不規則発言の頻度が減るならば，それが強化子となっていたことがわかる。この場合，先生が顔をしかめるという事態は不規則発言という行動と無関係に，先生が任意に選択して与えたものとは考えられない。

　あるいは子どもがクレヨンで壁に落書きする場合，壁に線が描かれることが強化子になっていると推測される。仮に，クレヨンの先端を細工して，線が描けなくなった場合，子どもがそれでも同じ行動を続けるかを想像してみればよい。ピアノで練習すれば上達する，勉強をすれば理解が進むという事態が生じることが多く，やはりそれが強化子となっている。特殊な細工がされていて練

習しても絶対に上達しないピアノで練習する行動を維持するのは非常に困難である。あるいは勉強してもまったく理解できない授業での勉強行動を維持するのも非常に困難である。したがって，適切な難易度の課題の設定が重要であることは言うまでもない。

▶ 4　刺激とは限らない

上述の多くの例で明らかなように，強化子は「お菓子」のような物質的な刺激とは限らない。「賞賛」という言語的刺激はもちろん，「注目」といった社会的な刺激はしばしば強力な強化子となる。さらに，「キレる」行動には「要求が通る」という結果が伴うことが多く，それはやはり強化子として作用するが，これは刺激ということばで記述するのは適切ではない。加えて重要なのが，「好きな行動をする機会」という強化子である。泣いて駄々をこねると外で遊ぶ機会が与えられるならば，子どもの駄々をこねる行動の頻度は増加する。反対に，駄々をこねるとテレビを見る機会が奪われるならば，駄々をこねる行動の頻度は低下する。

このように，何が強化子であるかは，その刺激や事象の随伴により行動の頻度が増加あるいは低下するかという行動に対する効果によってのみ規定され，実際には多種多様な強化子が行動に影響している。「ごほうびのお菓子」といった狭いイメージでとらえることは，行動の理解の上で大きな誤りにつながる。

▶ 5　個人ごとに異なる

最後に，何が強化子となるかは個人ごとに異なることを覚えておく必要がある。いたずらをした子どもに先生が「やめなさい」と注意することは多くの子にとっては負の強化子となるが，先生の注意を引きたい子にとっては正の強化子となる。したがって，ある人に対して有効であったからといってそれが別の人にも有効であるとは限らない。

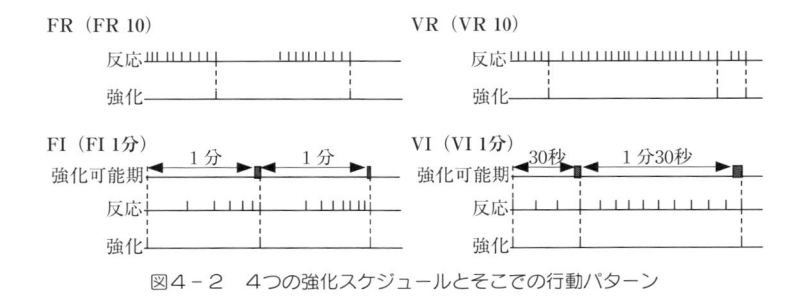

第4章 新しい行動を身につけるメカニズム

```
FR（FR 10）                          VR（VR 10）
反応 ||||||||||    |||||||||         反応 ||||||||| ||||||||| |||||||||
強化                                  強化

FI（FI 1分）    1分      1分        VI（VI 1分）  30秒   1分30秒
強化可能期                           強化可能期
反応                                 反応
強化                                 強化
```

図4-2　4つの強化スケジュールとそこでの行動パターン

3節　強化スケジュール

　次に，強化子の与え方について解説する。行動に対してどのように強化子を与えるかというルールのことを強化スケジュールとよぶ。強化スケジュールの分類と実験的研究は，オペラント条件づけ研究の創始者である Skinner によって開始された（Ferster & Skinner, 1957）。強化スケジュールは，連続強化スケジュール，部分強化スケジュールおよび消去の3つに大別できる。行動に毎回強化子を与えることを連続強化とよび，これに対して行動の一部にのみ強化子を与えることを部分強化とよぶ。消去とはすでに第1節で解説したように，行動に対して強化子を与えないことである。

　望ましい行動に正の強化子を与えることによってその行動を学習させたい場合，必ずしも連続強化である必要はなく，部分強化スケジュールもまた有効であり，それぞれ特有の行動パターンを生じさせる。部分強化スケジュールにはさまざまな種類があり，ここでは最も代表的な4つを解説する。図4-2にそれぞれの強化スケジュールとそこでの典型的な行動パターンを示す。

▶ 1　固定比率強化（FR）スケジュール

　もっとも単純な部分強化は，固定比率強化とよばれるもので，これはある決まった回数の反応ごとに強化子を与えるものである。英語の Fixed Ratio の頭文字から FR スケジュールという略称がよく用いられる。たとえば，ラットがレバーを10回押すたびに1回餌を与えるというもので，この場合は FR 10 と

よぶ。100回レバーを押すごとに1回餌を与える場合は，FR 100 である。FR では一般に高い頻度の行動が生じるが，強化に必要な行動の回数がFR 100 のように多い場合には，強化子の提示の後に反応の休止が生じる。

▶ 2　変動比率強化（VR）スケジュール

　回数は厳密に固定されている必要はなく，平均して何回かの反応に1回強化子を与えるということもできる。これを変動比率強化といい，Variable Ratio の頭文字からVRスケジュールとよばれる。たとえば，VR 10 では，ラットがレバーを1回押しただけで餌を与えることもあれば，20回押さないと餌を与えないときもあるなど，餌が与えられるまでの回数は不規則に変化するが，平均して10回押すたびに1回強化を与える。VRでも一般に高い頻度の行動が生じる。しかもVRではVR 100 などの場合でも強化子の提示後の反応の休止はほとんど生じず，安定して高頻度の行動が維持される。

▶ 3　固定間隔強化（FI）スケジュール

　上の2つは反応回数に依存して強化子が与えられるものであった。残り2つは直前の強化からの時間に依存する。その内，単純なものが固定間隔強化（Fixed Interval）であり，FIスケジュールと略称される。これは前の強化から一定時間が経過した後の最初の反応に強化子を与えるものである。たとえば，FI 1分では，ラットが前に餌をもらった時から1分経過した後の最初の反応に餌を与える。1分経過する前の反応は，どんなに回数が多くても強化子は与えられない。この場合，強化子が与えられた直後には反応はしばらく休止し，時間が経過するにしたがって徐々に反応の頻度は増加してゆき，1分が経過するころに反応の頻度はピークに達する。

▶ 4　変動間隔強化（VI）スケジュール

　前の強化から平均して一定時間が経過した後の最初の反応に強化子を与えるものである。Variable Interval からVIスケジュールとよばれる。たとえば，VI 1分では，前の強化から30秒経過した後の反応が強化されることもあれば，90秒経過した後の反応が強化されることもあるが，平均すればその間隔が60

秒となるよう間隔の値を設定する。この場合，中程度の頻度の反応が，強化の後に休止が生じることなく，安定して維持される。したがって，望ましい行動を休止なく安定して維持したい場合，望ましい強化スケジュールである。

4節　オペラント条件づけとセルフ・コントロール

「勉強しなきゃいけない」と思っているのに勉強しなかった，という経験は誰にでもあるだろう。そのようなとき，教師と生徒の間では，以下のような会話がなされる。

教師：「なぜ勉強しないのか？」
生徒：「…」
教師：「勉強せずにいったい何をしてたんだ？」
生徒：「ついテレビを見てしまって…」
教師：「やる気がないんじゃないのか！」
生徒：「勉強しなきゃいけないと思っていたのですけど…」
教師：「やる気があるなら勉強するはずだ，勉強していないのだからやる気がなかったんだ！」
生徒：「…」
教師：「やる気がないから勉強しないんだ，だからやる気を出せ！」
生徒：「…（そんなこと言ったって…と不満に思うが口に出せない）」

　このようなやりとりは教師の言っていることがおかしい。勉強していないのだからやる気がないはずだと決めつけているが，もし「勉強しない＝やる気がない」であるならば，教師の最後のせりふ「やる気がないから勉強しないんだ，だからやる気を出せ！」は，「勉強しないから勉強しないんだ，だから勉強しろ！」と無意味なことを言っているにすぎなくなってしまう。
　オペラント条件づけの研究では，「勉強しない」という行動上に現われた結果の原因を「やる気」という個人の内面に求めるよりも，環境に求めるというアプローチをとる。このようなアプローチは，勉強をするかどうかという場面だけでなく，自分の行動を自分で制御（コントロール）できるかどうかという場面，つまり一般にセルフ・コントロールが関係すると考えられる場面の全体

に対して適用される。

　オペラント条件づけの研究では，このようなセルフ・コントロール場面の多くが，「すぐ手に入る小さな報酬」と「後で手に入る大きな報酬」との選択場面になっており，大きな報酬であってもそれが手にはいるまでに時間がかかるために，すぐに手に入る小さな報酬を得るという行動を選択してしまい，結果としてセルフ・コントロールに失敗すると考えている。たとえば1週間後の期末テストに向けて勉強をするかどうかという場面では，勉強をした結果として単位を取得できることが重要な報酬であるが，それは勉強をした直後に得られるものではなく，勉強をして学期末に試験を受け，その1か月ほど後にようやく得られる。それに対して，勉強をしない場合にする典型的な行動，たとえばテレビを見る行動は，単位を得ることに比べれば重要性は低いのだが，リモコンのスイッチを入れれば今すぐにテレビ番組は見ることができるのである。

　1節で述べたように，一般に，報酬が得られるまでに遅延が存在すれば，報酬の効果は低下し，遅延が長くなればなるほど低下の程度がいちじるしい。したがって，この例の場合，本来は単位という報酬がテレビ番組という報酬より価値が高いにもかかわらず，単位が得られるまでには長い遅延があるためその価値が大きく低下し，試験1週間前の時点ではテレビ番組の価値の方が上回るため，試験勉強ではなくテレビを見るという行動が選択されるのである。現代では多くの人がダイエットに関心をもっているが，ダイエットを開始してケーキを食べるのを我慢したとたんにやせるわけではない。一方，ケーキは今すぐ食べることができる。ケーキと美しいプロポーション（もしくは健康な身体）のどちらが大切かと問われれば後者であるが，それが手に入るのは先のことであるため価値が低下し，ケーキを食べる行動が生じる。他にも多くのセルフ・コントロール場面で，セルフ・コントロールに失敗することが生じるが，その大きな理由に，報酬の遅延があると考えられている。

　セルフ・コントロール場面ではしばしば選好の逆転が生じる。1つ具体的な例をあげる。たとえばある大学で，心理学を専攻する学生は金曜日に実験実習の授業を受けているとしよう。受講生は数週間に一回レポートを提出する必要があるが，あるテーマの実習が終わった翌週の金曜日が〆切となっている。そ

第4章　新しい行動を身につけるメカニズム

してレポートが適切に書けていれば，提出の翌週の授業でレポートが返却され合格というフィードバックが得られる。現在，あるテーマの終わった金曜日で，1週間後の金曜日がレポート提出の〆切であるとする。さらに，提出締め切りの前日（木曜日）にサークルのイベントに誘われていて，今日中に出欠の返事をしなければならないとする。アルバイトなどで忙しく，木曜日以外にはあまりレポートに取り組む時間が取れず，イベントに行けばレポートを完成することがむずかしくなる。このような場合，イベントにも行きたいがレポートに合格することの方が大事だと考えて，イベントを断ろうと思う。ところが，友達から連絡があり，出欠の返事はイベントの前日の水曜日にすればよいことになったとする。実際に，水曜日に返事をする際にも，イベントを断るだろうか。最初の時点の決心はしばしば覆り，イベントに行ってしまう。

このような選好の逆転が生じる理由は，遅延により報酬の価値が図4－3のように低下するためであると考えることができる。図の横軸は時間の経過を表わしており，縦軸はそれぞれの報酬（この場合はレポート合格とイベント）の価値を表わしている。本来，レポート合格とイベントでは，レポート合格の方が価値が高い。そのことは，報酬が得られるまでの遅延がない時点，つまりイベントでは木曜日，レポート合格ではレポートが返却される金曜日の時点で

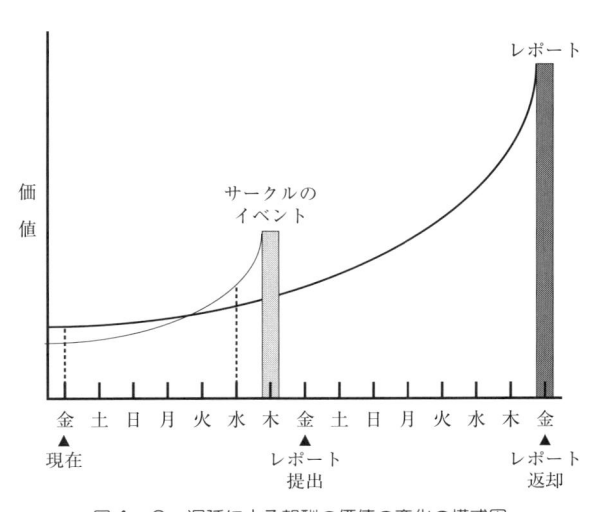

図4－3　遅延による報酬の価値の変化の模式図

の曲線の高さは，太線で表わされるレポートの方が高いことに表わされている。そして，報酬までの遅延が長くなればなるほど報酬の価値が低下してゆくことが，横軸で左に移動するほど曲線の高さが低くなることに表現されている。

　このような場面での典型的な選択は，最初の金曜日の時点ではイベントを断りレポートに取り組むことである。最初の金曜日の時点では，レポート合格までは2週間，イベントまでは6日間，時間があるため，両方の報酬とも価値が大きく低下した結果，その時点ではレポート合格の価値が上回っている（最初の金曜日の時点では太線の方が上になっている）。ところが，イベント前日の水曜日に返事をする際にはイベントを選んでしまう。その理由は，レポート合格まではまだ1週間以上の遅延があるが，イベントは翌日に差し迫っているからである。そのため，イベント前日の水曜日の時点では，細線で表わされるイベントの価値がレポート合格の価値を上回っているのである。実際に人間や動物を対象としたさまざまな実験から，遅延に伴い報酬の価値は図4－3に描かれる曲線のように低下することがわかっている。このような曲線で報酬の価値が低下することが，前もっての決心がしばしば覆り，いざとなるとセルフ・コントロールに失敗してしまうことが多いことの理由なのである。

　では，どのようにすれば，セルフ・コントロールの失敗を防ぐことができるだろうか。そのヒントはやはり図4－3の中にあり，「前もっての決心」に拘束力をもたせるテクニックが有効である。たとえば，「もし木曜日にイベントに行くなら，1万円の罰金を支払う」という約束を家族とすればよい。このような約束は，最初の金曜日の時点ではたやすい。なぜならその時点では，実際にレポート合格の方が価値が高く，本人は本心から「木曜日はレポートに取り組む」と思っているからである。このような約束をすれば，イベント前日の水曜日の選択は，「翌日のイベントに行く」か「9日後のレポート合格のためレポートに取り組む」かではなく，「1万円の罰金を家族に払って翌日のイベントに行く」か「9日後のレポート合格のためレポートに取り組む」かになる。したがって，後者が選択されやすくなるのである。

5節　強化の相対性

　最後に，強化の効果が相対的であり，他の強化との関係により決まるということを解説する。1つめのマッチングの法則は，現在入手できる複数の強化子に関する効果の相対性であり，2つめの対比効果は現在の強化子と過去の強化子に関する効果の相対性である。いずれも，ある行動にある強化子が与えられることによる効果は，その強化子単独では定まらず，他の強化子との相対的な関係を重視する必要があることを意味する。

▶1　マッチングの法則

　ある行動がどのように強化されるかだけではなく，他の行動はどのように強化されるかが重要である。この関係はマッチングの法則とよばれる法則で記述される。ここでは数式を用いた厳密な解説は省くが，この法則は「行動は強化の比率に比例して配分される」とおおまかに示すことができる（Herrnstein, 1961）。たとえば，スキナー箱でラットが左のレバーに反応すれば平均して1分間に1回餌が与えられ（つまりVI 1分），右のレバーに反応すれば平均して2分間に1回餌が与えられるとする（VI 2分）。報酬である餌は左右のレバーの中間にある餌皿に提示される。このような場面（左の方が右に比べて強化が2倍の頻度で与えられる場面）での訓練を何日も続けてゆくと，やがてラットは左のレバーに右のレバーの約2倍の反応を行なうようになる（たとえば，1時間の実験中に，左を200回，右を100回押す）。一方，左のレバーに反応すれば平均して1分間に1回餌が与えられ（VI 1分），右のレバーに反応すれば平均して4分に1回強化される（VI 4分）という条件（左の方が右に比べて強化の頻度が4倍になる場面）では，左のレバーに右のレバーの約4倍の反応を行なうようになる（たとえば，1時間の実験中に，左を240回，右を60回押す）。このように，左のレバー押しに対する行動の出現頻度は，左のレバー押しに対する強化の頻度だけでなく，右のレバー押しに対する強化の頻度にも影響を受ける。

　このマッチングの法則も，動物だけでなく人間においても成立する。した

がって，宿題をする行動に親がケーキをあげて強化しても，他にも強化子が豊富である場合（たとえば同居している祖母がいつでもケーキをあげる場合）には，宿題をする行動は高い頻度では生じないのである。逆に言えば，ある望ましい行動の頻度を効率よく増やすためには，その行動（ここでは宿題をする行動）にどのように強化を与えるかだけでなく，他の行動の強化にも注意を向ける必要がある。

▶ 2　対比効果

ここでは，強化の対比効果について取りあげる。まず，動物実験により得られた対比効果の代表的な例であるクレスピ効果を解説し，その後に，教育場面で問題となる対比効果についても考察する。

(1) クレスピ効果

これは，現在の強化子と過去の強化子に関する効果の相対性を示すものである。現在与えられる強化子の量だけでなく，過去に与えられた量が現在の行動に影響するということは，Crespi（1942）の実験によって典型的に示されている。表4－1に概略を示すが，クレスピの実験では，ラットは走路の片方の端に置かれ，反対側の端には餌が置かれた。半数のラット（実験群）では餌の数は256粒であり，残り半数のラット（統制群）では餌の数は16粒であった。走路に置かれたラットは反対側まで走り餌を得ることを学習するが，訓練をするうちに，256粒の餌をもらっていたラットは，16粒の餌をもらっていたラットより走路を早く走るようになった。ここまでは，現在の強化量が現在の行動を決定するという話である。

このような訓練を何日も続けた後で，今まで256粒の餌をもらっていた実験群のラットの餌の数が16粒に減らされた。今まで16粒の餌をもらってい

表4－1　クレスピ効果の例（Crespi, 1942）

	最初の条件	結果	後の条件	結果
実験群	走行→256粒	速く走る	走行→16粒	遅く走る
統制群	走行→16粒	普通に走る	走行→16粒	普通に走る

た統制群のラットの餌は 16 粒のままであった。つまり，両方のグループのラットとも，現在の強化量は 16 粒で同じになった。では，ラットの走るスピードは同じになっただろうか。じつは，今まで 256 粒をもらっていた実験群のラットの走るスピードは急激に低下し，最初から 16 粒の餌をもらっていた統制群のラットよりもさらに遅くなったのである。つまり，現在の強化子の量が同じでも，過去に多くの強化子をもらっていたほうが，行動は弱くなることが示されたのである。この効果をクレスピ効果とよぶ。同様の現象は，強化の量ではなく質の低下（たとえば，おいしい餌からまずい餌に変えた場合）にも生じる。

　クレスピ効果の存在は，強化子の与えすぎに注意を払う必要があることを意味する。つまり，ある時に強化子を不要に多く与えすぎると，後に同じ行動に与える強化子の量を少なくした場合，反応の強度が極端に弱くなり，もともと少ない量の強化子しか与えられていなかった場合を下回ってしまう可能性があるのである。

(2) アンダーマイニング効果

　教育場面で問題となる現象に，アンダーマイニング効果（あるいは過剰な正当化効果）とよばれるものがある。アンダーマイニング効果とは，本来興味深く自発的に行なう行動に対して外的な報酬を与え，後にその外的報酬を与えなくなったときに，かえって行動の強度が弱くなるという現象である（Deci, 1971）。本来楽しい勉強をしている子どもに勉強をしたごほうびとしてお金をあげると，次に同じように楽しい勉強をしてもごほうびがもらえなくなると，かえって（お金をもらう前よりも）勉強をしなくなるというのが典型的な例である。しばしば，教育場面では内発的動機づけと外発的動機づけの区別が重視される。前者は行動それ自体が目的である場合，後者は行動それ自体が目的ではなく，行動とは本来無関係な報酬を得る手段となっている場合である。たとえば，勉強をすること自体が楽しくて勉強をしている場合は内発的に動機づけられており，勉強をすることによってお金がもらえるために勉強している場合には外発的に動機づけられていることになる。一般に，内発的に勉強をする方が，外発的に勉強をするよりも望ましいと考えられているため，アンダーマイ

ニング効果は問題である。

(3) アンダーマイニング効果と強化の原理★

アンダーマイニング効果は，外的な報酬（お金）によって，内発的動機づけ（勉強自体が楽しくて勉強すること）が阻害される現象であるといわれ，強化の原理に対する反証として扱われることが多い。しかし，実際には，「勉強自体が楽しくて勉強する」といわれる場面をより精密に分析してみるべきである。勉強をしてもまったく理解できない時にも「勉強自体が楽しくて勉強する」ということが生じるだろうか。第2節でも述べたように，現実には多くの場合，勉強するという行動に，「理解できる」といった結果が伴うことで，勉強する行動が維持されていると思われる。したがって，「勉強自体が楽しくて勉強しているときに，ごほうびとしてお金がもらえる」という場面は，筆者の観点からは「勉強する」行動に「理解＋お金」という複合的な強化子が伴う場面ととらえられる。そして，「本来楽しい勉強をしてもお金がもらえない」という場面は，「勉強する」行動に「理解」という強化子のみが伴う場面ととらえるべきである。つまり，表4-2に示すようにアンダーマイニング効果とは，「理解＋お金」という強化が豊かな条件から，「理解」のみという強化が乏しい条件に移行すると，かえって勉強する行動が弱くなったということであり，上述したクレスピ効果と同じ枠組みでとらえることができるのである。

したがって，これも強化の相対性を示したものであり，行動対比の中の一側面を示したものに過ぎないと思われる。つまり，内的・外的といった区別は，この現象の生起にとって本質的な要因ではなく，強化が豊かな条件から乏しい条件に急激に移行することが問題なのであろう。このことは，アンダーマイニング効果がまちがっているという意味ではない。強化子の与えすぎに注意を払うべきことを意味するという理解は正当であろう。ただし，これはクレスピ効

表4-2 アンダーマイニング効果の架空の例

	最初の条件	結果	後の条件	結果
実験群	勉強→理解＋お金	多く勉強する	勉強→理解	少なく勉強する
統制群	勉強→理解	普通に勉強する	勉強→理解	普通に勉強する

果の存在により，強化の原理として以前から知られていたことである。しかも，通常，親や教師がお金やシールなどの報酬を与えるのが，子どもが自ら喜んで勉強しているときではなく，子どもが自発的には勉強をしない場面であることを考えれば，アンダーマイニング効果や対比効果のことをことさら強調するのは適切でないだろう（cf. 大河内・松本・桑原・柴崎・高橋，2006）。

★：この議論は，平岡恭一先生（弘前大学）とのパーソナルコミュニケーションを参考に執筆した。

第2部　学びのしくみを理解するために

第5章
なぜ無気力になるのか

本章および第6章では，「やる気」という視点から行動のしくみを考える。やる気すなわち動機は英語で motive といい，動かすという意味の move と語源を同じくする。行動を動かす原動力という意味である。本章では，やる気のまったくない状態であるといえる無気力をとりあげて，やる気とは何か，どこからやってくるのかという問題を考えたい。本章の理解には第4章が助けとなり，本章で扱わなかったやる気の考え方については第6章で説明される。

1節　子どもたちの「意欲低下」はあるのか

　2007年4月，文部科学省は小中学校にとって43年ぶりに学力調査を復活させた。日本全国の小中学校の最高学年（小学6年生，中学3年生）全員を対象として行なわれた調査の結果は10月に報告され，マスコミを賑わせた。その中で，生活習慣や学習環境に関する質問紙調査の一部は，2001年と2003年に行なわれた同一質問の調査結果とあわせて報告されている（文部科学省・国立教育政策研究所，2007）。
　図5-1は「算数・数学の勉強は好きですか」という質問に対する回答である。2007年については「当てはまる」「どちらかといえば当てはまる」という回答が小学生では65.1％，中学生では51.4％で，年次比較をすればその割合には増加傾向がみとめられる。図5-2は1日あたりの読書時間についての回答である。こちらにも増加傾向がみとめられる。これらはそれぞれやる気の1つの側面を示しているが（第6章参照），今回，少なくとも報告されてい

第5章 なぜ無気力になるのか

凡例: ■当てはまる ▨どちらかといえば，当てはまる ▥どちらかといえば，当てはまらない ▨当てはまらない ▨その他 □無回答

【小学校】＊質問79：算数の勉強は好きですか

調査	当てはまる	どちらかといえば，当てはまる	どちらかといえば，当てはまらない	当てはまらない
13年度調査	29.0	24.9	19.5	21.3
15年度調査	34.6	27.2	17.6	16.4
19年度調査	35.6	29.5	20.9	13.9

【中学校】＊質問81：数学の勉強は好きですか

調査	当てはまる	どちらかといえば，当てはまる	どちらかといえば，当てはまらない	当てはまらない
13年度調査	18.9	23.9	22.3	29.9
15年度調査	20.3	24.3	21.3	29.9
19年度調査	25.3	26.1	26.2	21.2

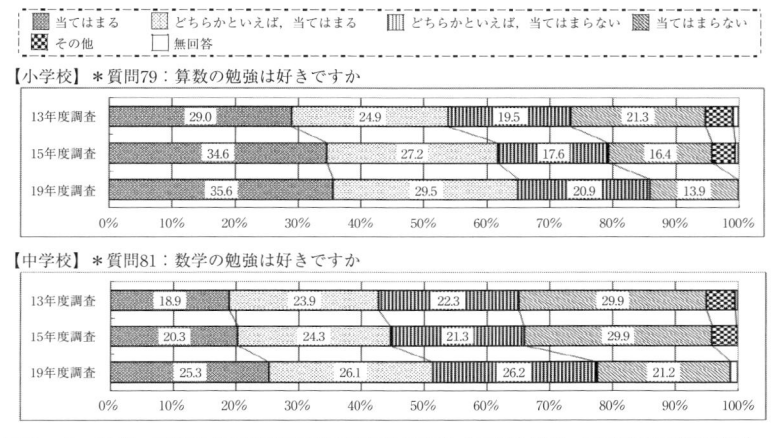

図5－1　算数・数学の勉強が好きな児童生徒の割合（文部科学省・国立教育政策研究所，2007）

13年度および15年度調査については小学校は5年生，中学校は2年生の2月に実施しているのに対し，19年度は小学校は6年生，中学校は3年生の4月に実施しているため，単純な比較はできないことに留意する必要がある。図5－2についても同様である。

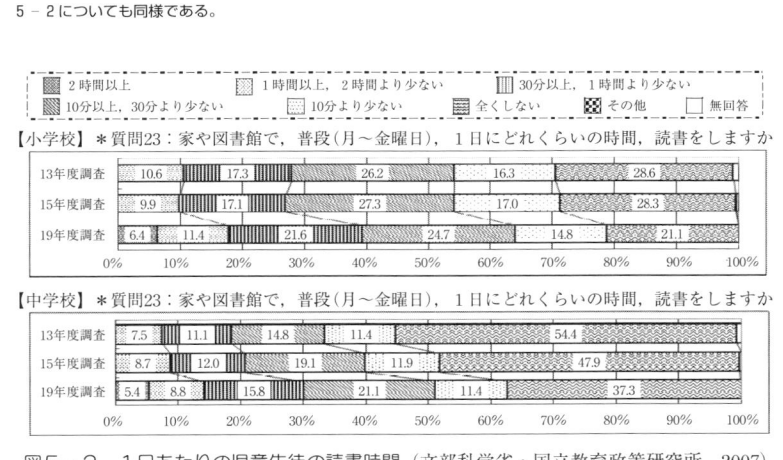

凡例: ■2時間以上 ▨1時間以上，2時間より少ない ▥30分以上，1時間より少ない ▨10分以上，30分より少ない ▨10分より少ない ▨全くしない ▨その他 □無回答

【小学校】＊質問23：家や図書館で，普段（月〜金曜日），1日にどれくらいの時間，読書をしますか

調査	2時間以上	1時間以上	30分以上	10分以上	10分より少ない	全くしない
13年度調査	10.6	17.3	26.2	16.3		28.6
15年度調査	9.9	17.1	27.3	17.0		28.3
19年度調査	6.4	11.4	21.6	24.7	14.8	21.1

【中学校】＊質問23：家や図書館で，普段（月〜金曜日），1日にどれくらいの時間，読書をしますか

調査	2時間以上	1時間以上	30分以上	10分以上	10分より少ない	全くしない
13年度調査	7.5	11.1	14.8	11.4		54.4
15年度調査	8.7	12.0	19.1	11.9		47.9
19年度調査	5.4	8.8	15.8	21.1	11.4	37.3

図5－2　1日あたりの児童生徒の読書時間（文部科学省・国立教育政策研究所，2007）

るものの中では，顕著な得点の減少がみられる項目はない。どうやら世間で騒がれているほどには，子どもたちの間で，以前と比べて意欲が低下している，という傾向がめだつわけではなさそうだ。ただし，図5－1，5－2ともに，同じ年度の中で小学生と中学生を比較すると，中学生のほうが「勉強が好き」とする割合も，読書時間についても小学生より少ないことがわかる。

第2部　学びのしくみを理解するために

	しようと思って，勉強している	しようと思うが，やり方がわからないので，勉強していない	しようと思うが，気が向かないので，勉強していない	しようと思わないが，勉強している	しようと思わないので，勉強していない
全体	45.9%	11.9%	24.3%	14.5%	3.4%
小4	60.8%	9.5%	13.1%	14.3%	2.3%
小6	47.1%	9.5%	23.9%	17.0%	2.5%
中2	29.6%	16.8%	35.8%	12.2%	5.5%

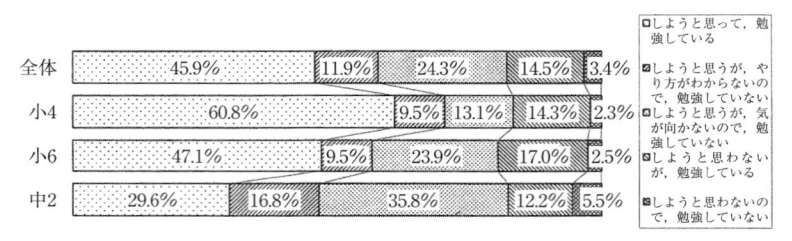

図5-3　自分の勉強に対する認識（指定都市教育研究所連盟，2006）
「あなたは，いま，『がんばって勉強しよう』と思って，勉強していますか」に対する回答結果

　図5-3は指定都市教育研究所連盟による第14次共同研究報告（2006）における，学習に対する意識を調べた設問「あなたは，いま，『がんばって勉強しよう』と思って，勉強していますか」に対する回答である。小学4年生，6年生，中学2年生と学年進行に伴って，「しようと思って，している」群は減少する一方で，「しようと思うが，気が向かない」群は増加しており，学習への前向きな姿勢を表わす割合が低下する傾向がみられる。

　以上のように，現代社会で子どもたちの「意欲低下」が進んでいるというためには，それを示す年次比較データが不足しているといえるが，学年や学校段階があがるにつれて意欲が低下するという傾向は，わが国の調査に限らず，多くの研究でみとめられている事実である（e.g., 櫻井，1990；Stipek, 1981）。本章ではこの理由を，「無気力」の原因とその克服という視点から考えてみたい。

2節　学習される無気力

▶ 1　無気力になったイヌ

　無気力についてはじめて体系的に研究したのは，アメリカのSeligmanたちのグループである（e.g., Overmier & Seligman, 1967; Seligman & Maier, 1967; Seligman, Maier, & Geer, 1968）。本節ではまず，彼らの行なった有名な実験の内容を詳しく見ていく。

　実験の第1セッションで，イヌはハンモックのなかに固定されて，足に電

気ショックを与えられる。このショックは体に損傷をおこすほどのものではなかったが，いつおこるかわからず，避けることはできなかった。実験の第2セッションで，このイヌはシャトルボックスの中に入れられる。ここで再び電気ショックを与えられるが，今度はショックの前に信号が与えられ，箱の障壁を飛び越えて反対側に移れば電気ショックを避けられるようになっていた（図5-4）。これは単純な学習で，通常はすぐ回避反応がみられるようになるが，この実験のイヌはショックがくると，ちょっとあわてて動き回ってはみせるものの，すぐにあきらめてそれをただ耐えるだけ，という状態になった。これはショックに順応するからというわけではなく，例えショックを強くしても，やはり状態は変わらず，障壁を飛び越す反応は示されなかったのである。

そこで次にSeligmanらは，第1セッションでハンモックの中のイヌの頭の前にパネルを設置して，それを頭で押すことでショックを止められる群（回避可能群）と，パネルはあるが押してもショックは関係なくやってくる群（回避不可能群），第1セッションで電気ショックは与えられない群（統制群）に分けて同様の実験を行なった。その結果，回避不可能群は，第2セッションの

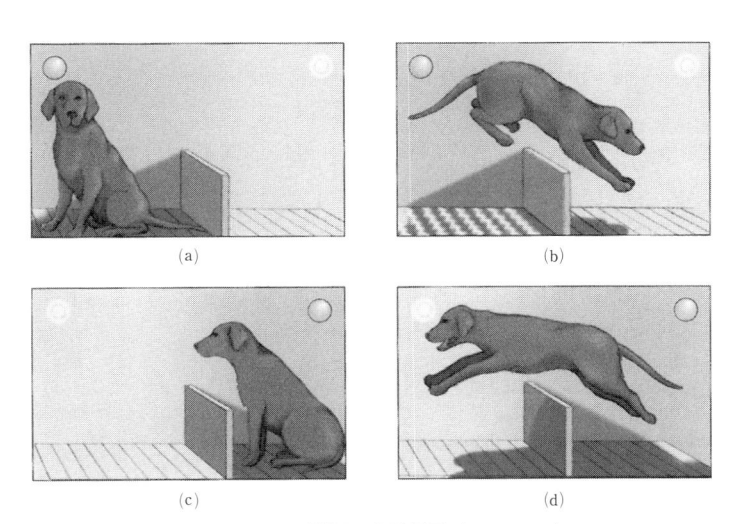

図5-4 回避学習の実験装置（Coon, 2004）
装置は，床に電流が流れる直前にライトが消えるようになっていた(a)。最初はライトの意味がわからないのでイヌは電気ショックを受け，たまたま障壁を飛び越して隣側にいくとショックがこなくなるという経験をする(b)。こうした経験のあとで通常は学習がすぐになされ，イヌはライトが消えるのを待ち(c)，消えたところで障壁を飛び越して電流を避けるようになる(d)。

表5-1 シャトルボックスでの回避反応のようす (Seligman & Maier, 1967)

実験群	最初の反応までの平均時間（秒）	10試行中9試行以上失敗したものの割合（％）	10試行中失敗した試行数の平均（回）
回避可能群	27.00	0	2.63
統制群	25.93	12.5	2.25
回避不可能群	48.22	75.0	7.25

シャトルボックスにてショックを回避する学習の成績がいちじるしく悪かった。これに対し，回避可能群では，第1セッションでショックをまったく与えられなかった統制群と成績が変わらなかったのである（表5-1）。なお回避不可能群に与えられる電気ショックの量は，回避可能群に与えられた量とまったく同じになるように調整されたため，この結果は電気ショックの量の違いによるわけではなかった。

この実験は，第2セッションで実験装置において回避反応の違いをもたらすのが，第1セッションでの学習にあることを明らかにしている。パネルを押すとショックが止められることを学習したイヌは，次の段階でもその学習を適用し，実験箱の中での回避反応もすぐに生じた。一方，ショックが自分の反応と無関係に与えられることを学習した群のイヌは，続くセッションにてその学習を適用し，回避反応を抑制した。すなわち，彼らは回避反応をしてもむだだという"無力感"を学習したのである。Seligmanらは，行動の結果，報酬や罰がある（獲得），ない（消去）という学習に加えて（第4章参照），行動と結果に関連性（随伴性）がないという学習があることを提唱し，この非随伴性の経験がもたらす自発的な行動や学習能力の低下，情動の障害を"学習性無力感"とよんだ。

▶2　教室の中の学習性無力感

学習性無力感の考え方は動物による実験的研究から始まったものであるが，教室で生じる子どもたちのやる気の低下を説明することも可能である。勉強をして試験でよい成績をとるという随伴経験が重なれば，勉強がよい成績につながることを学習し勉強は促進されるが，勉強しても成績が変わらないという非随伴経験が重なると，たとえ勉強しても何も変わらないということを学習し，

表5-2　中学生版・主観的随伴経験尺度の項目例（牧ら，2003より作成）

随伴経験の項目例
　困っているとき友人に助けを求めたら，力になってくれた
　友人の悩みを聞いてあげたら，感謝された
　思いやりを持って他人に接していたら，友人が増えた

非随伴経験の項目例
　友達のためを思ってしたことが，逆に誤解された
　親切に接していたのに，いじわるなことをされた
　自分は信用していたのに，友人が自分を信用してくれなかった

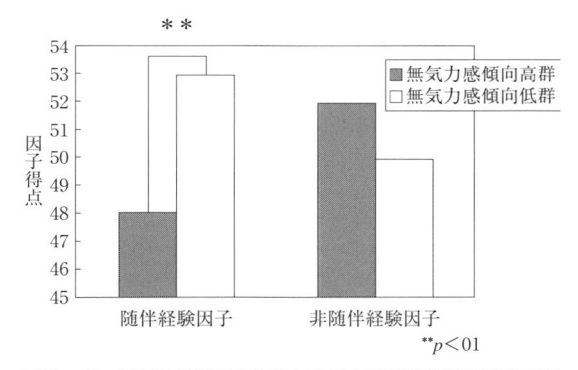

図5-5　無気力感傾向の高低による主観的随伴経験尺度の得点差（牧ら，2003）

$**p<.01$

無気力に陥ることになる。

　牧・関口・山田・根建（2003）は，中学生を対象として，自分が経験した随伴経験（自分の起こした行動の成果がフィードバックされた経験）・非随伴経験（自分の起こした行動の成果がフィードバックされなかった経験）について自由記述を採取し，主観的随伴経験尺度を作成した（表5-2）。そして中学生を対象としてこの尺度を実施し，また担任教師に各生徒についての無気力感傾向に関する行動評定を求めて両者の関係を検討した。

　図5-5は担任教師の評定による無気力感傾向の得点の上位・下位それぞれ25％に含まれるものを無気力感高群・低群とし，それぞれの群で随伴経験の得点と非随伴経験の得点を比較したものである。無気力感傾向の高い群は低い群に比べて，随伴経験得点が低いことが示されている。非随伴経験の得点については統計的に意味のある差はみとめられなかった。

この結果から牧らは,「やってみたらうまくいった」という随伴経験が少ないことのほうが,「やってもうまくいかなかった」という非随伴経験を重ねることによるマイナス要素よりも問題である可能性を指摘している。つまり,主観的随伴経験の少なさを補うことで,無気力を予防できるのかもしれない。しかし随伴経験を積み重ねるためには,何かをやってみないことには始まらない。根本的な問題は,新しい経験に対して最初の一歩が踏み出せないというところにもあるのではないか。次節では,無気力をもたらす原因についてさらに深く考えてみたい。

3節　無気力をもたらすもの

▶ 1　失敗の原因をどう考えるか

　学習性無力感のモデルはその後,Seligman自身によって改訂され,非随伴経験の原因を内的(自分のせい)・安定的(いつも起こる)・全般的(どんな場面でも起こる)なものであると認知する者は,無気力に最も陥りやすいとされた(Abramson, Seligman, & Teasdale, 1978)。つまり,自分の行動が何の結果ももたらさなかったとしても,それを運が悪かったから,あるいは課題がむずかしかったから,といった自分のせいではない一過性のものと考えるならば無気力が生じにくいが,自分のもって生まれた能力のせいだと考えると,それは将来もかわらないことになるために,無気力になるというわけである(第6章参照)。この改訂理論の考えに一致する結果は多くの研究でみとめられており,人の抑うつの発生を説明するモデルとしても用いられている。

　Dweck(1975)の実験は,失敗の原因の帰属を変えることが無気力を改善する効果を示したものの中でも特に有名であるので詳しく紹介する。この実験のために,特に顕著な学習性無力感反応を示している子どもたちが選ばれた。彼らは自分の成功や失敗を自分で統制できると考える傾向が低く,またその結果が自分の中にあると考えたとしても能力のせいにする傾向が強かった。

　訓練で子どもたちは算数の課題に約1か月間取り組んだ。この訓練のために,横2列に小さな電球がつけられ,問題を1問正解するごとに明かりを1

つつけられるような木製の箱が特別につくられた。一定数問題を正解すればトークンが与えられたが、この道具を使うと、トークンをもらえないときでも、どれくらいがんばったのか、あとどれくらいがんばればよかったのかが明かりの数でわかるというわけである。算数の問題は比較的簡単なものが使われたが、各セッションでは、数回トークンがもらえないように失敗が設定された。失敗したときには毎回、あとどれくらいがんばればよかったのか明かりの数を使って説明された。

その結果、訓練前のセッションでは、失敗すると次の問題ではすぐにあきらめてまちがいが多くなったのに対し、訓練を受けることによって、子どもたちは失敗を努力不足のせいだと考えるようになり、すべての子どもが失敗しても以前のような成績の悪化は示さなくなった。中には成績の上昇を示すものもいた。

このような研究を通じて、無気力を克服しやる気を高める方法として、努力の重要性を強調する風潮が一気に高まることになる。しかし、次に示すように、単純な努力信仰には注意が必要である。

▶ 2　自己をまもる「方略」としての無気力

われわれの努力と能力の関係についての考え方は、発達的に変化する（Nicholls, 1984）。幼児期や児童期初期は、努力をする人は能力も高いというように、独立したものとしてとらえられていないが、児童期後期あたりから、結果が同じならば少ない努力でそれを達成したもののほうが能力は高いことを意味する、というように分化したトレードオフ的な考え方がなされるようになり、両方の考え方を状況によって使い分けるようになる。失敗を避け、自己をまもるための方略的行動がみられるようになるのもこの時期以降である。

Covington & Omelich（1979）は、大学生に対して、クラスの他の人は皆合格した試験に不合格となった場面を想像させ、次の4つの条件について、どの程度恥ずかしいと思うか、またどの程度その失敗を自分の能力がないせいにするかについて評定させた。1）ほとんど勉強（努力）しておらず言い訳はない、2）ほとんど勉強していないが言い訳がある（テスト範囲ではない部分を勉強してきてしまった）、3）たくさん勉強して言い訳はない、4）たくさん勉

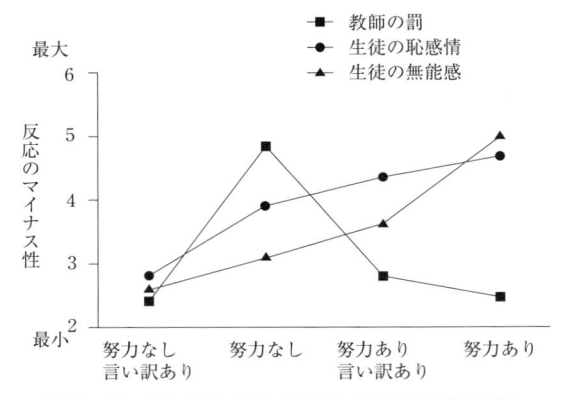

第2部　学びのしくみを理解するために

図5-6　努力と言い訳の有無による生徒の反応の違い
（Covington & Omelich, 1979 より改変）
教師の罰というのは、同じ場面をもし教師だったらどうするかについての予想である。生徒の場合と異なり、努力がなく言い訳もない状態が最も罰を与えるが、努力があった場合には言い訳の有無にかかわらず罰は与えないと予想されている。

強したが言い訳がある、の4条件である。その結果、たくさん勉強した条件のほうが、ほとんど勉強しなかった条件よりも恥の感情や無能感を強く感じており、努力が多いほど、能力は低く判断されることが明らかに示された。また言い訳はあるほうがないよりも恥や無能感は低くなった（図5-6）。

Brown & Weiner（1984）などによっても、失敗の際に、能力不足よりも努力不足という説明のほうが好まれやすいことがわかっている。失敗を努力が足りなかったせいにする理由は、必ずしも次にがんばることにつながる積極的なものではなく、努力不足を主張することで無能感を避けられるためであるとも考えることができる。

このようにCovington（1992）は、非随伴性の経験あるいは自分で統制できないものの存在そのものではなく、そこから示唆される「無能である」というメッセージがより問題となることを主張している。自分が価値のある人間だと思いたいという欲求は、人の行動に大きな影響力をもつ。この視点から無気力を考えると、行動をおこさないということは、失敗しないよう、失敗したとしても無能であると思われないよう、自己の価値をまもるために選択された1つの「方略」であるともとらえることができるのである。これはつねに意図的

に用いられるとは限らない。能力の高低によって人の価値が判断される傾向の強い環境であるほど，この方略が用いられる可能性は，意図的・非意図的の両方でいっそう高くなることだろう。

▶ 3 「努力」の考え方の違い

　努力することが必ずしも自分で統制できるものとはとらえられていないことが，荒木（2001）の研究から示されている。荒木は，学力偏差値および大学進学率が大きく異なる２つの高等学校に在籍する生徒の原因の帰属過程にどのような差異があるのかを比較した。「先日受けた模擬試験の成績が非常に悪かった」という学業場面で失敗が起こったときの原因として14種類の理由を提示し（表5－3），どの原因がよく用いられるのかを調べた。

　その結果，進学率高群・低群に共通して，もっとも失敗の原因としてあげられたのは「毎日の勉強」および「努力不足」であった。努力が大事なものとして認識されていることはまちがいない。しかしより注目すべきなのは，図5－7に示される結果である。これは，「努力不足」について内的な原因なのか外的な原因なのか（内在性次元），統制可能な原因なのか不可能な原因なのか（統制可能性）をそれぞれ7段階で評定させた散布図である。進学率高群

表5－3　「模擬試験の成績が非常に悪かった」という失敗の原因として提示した帰属因の種類
（荒木，2001より作成）

帰属因の種類	各帰属因に相当するものとして被調査者に対して提示した説明文
学習態度	学校から与えられた課題をきちんとこなしていなかったから
能力不足	能力がないから
興味の欠如	受験勉強には興味がないから
教師の教え方	担当教師の教え方が下手だから
教師の性格	担当教師の性格に問題があるから
毎日の勉強	毎日きちんと勉強していなかったから
前日の勉強	試験前日の晩に勉強しなかったから
努力不足	自分の努力が足りなかったから
体調	当日の体調が足りなかったから
不運	運が悪かったから
親	親が優秀な家庭教師を雇ってくれなかったから
課題の困難さ	問題が難しすぎたから
予備校	優秀な講師のそろった予備校に通っていないから
クラブ	クラブ活動等で忙しかったから

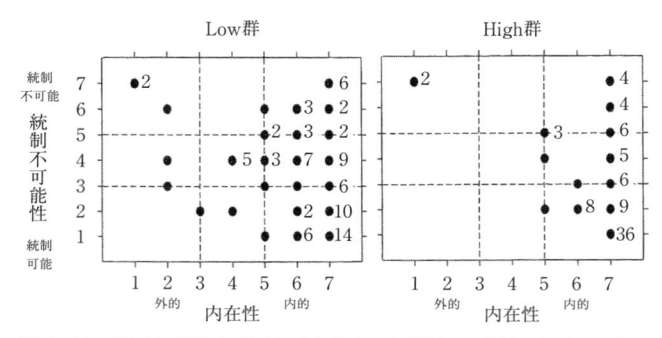

図5-7 「努力不足」に関する内在性次元と統制不可能性における各被調査者の評定値の散布図（荒木，2001）
プロット横の数字は度数を示す。

(High群) は，努力不足は内的で統制可能な原因と答えるものが多かったが，進学率低群 (Low群) ではばらつきが大きくなり，より統制不可能と答えるものが多く，努力できないのは自分の力ではどうにもならないと考えるものも多く存在していることが示されている。

人が自分の努力すら統制できないと考えるようになるのはなぜだろうか。1つには先述のように，意図的ではないかもしれないが，努力を放棄することで失敗から自分をまもるという方略的な要因もあるだろう。しかしそれ以前に，他人からやれと言われたことや期待されたことをしているだけで，自分の行動を自らの意思で開始する経験が少なければ，行動に確かな実感をもつことはむずかしい。それはその人だけの問題ではない。その人をとりまく環境の問題でもあるのである。

4節　無気力から抜け出すために：次章に向けて

本章では，行動を動かす「やる気」について考えるために，特に無気力という状態をとりあげて説明した。そして，人が無気力になる基本的な原因として，自分のやっていることの成果がみえないという随伴性の経験の少なさがあること，あるいはときに潜在的な理由として，あえて行動を控えることで失敗したときの自己価値へのダメージを最小にしたいという気持ちがあることを指

摘した。冒頭で示したような，年齢に伴い意欲が低下する傾向は，学校教育の中で，学年があがるにつれて学習内容が複雑になり，また相対評価制度の中で，自分の努力の随伴性を感じにくいこと，そして発達に伴い自己価値と能力への意識が高まり，努力を差し控える傾向が強まることから説明できよう。

　無気力から抜け出す鍵は，たとえ小さなものであっても自分の努力に伴ったものに気づくこと，そしてその経験からもたらされる自己向上の過程を大切にする環境にある。このような，やる気を育む環境をつくるにはどうすればよいのか。また，その他やる気についてどのような考え方があるのか。この説明は，次の章にゆずりたい。

第2部　学びのしくみを理解するために

第6章
やる気と学習環境

　　人は生来なまけものでやる気がないわけでなく，何かを成し遂げたいという欲求を持ち合わせていると考えられている。しかし，やる気をなくしてしまったように見える子どもたちが，実際にいるのは事実であり，その増加は深刻な社会問題化している。本来はやる気を維持し，奮い立たせるべきであるはずの子どもたちをとりまく学習環境が，彼らのやる気を削ぐことになっている場合があるかもしれない。教育心理学の分野で，このやる気の問題は従来から大きな研究課題となってきたのであるが，その重要性はますます大きくなっている。本章では，やる気をめぐる代表的な理論を紹介したうえで，比較的低年齢における学習意欲に的をしぼって，教室や家庭の環境が，学習へのやる気や超克法にどのような影響をもたらすのかについて概観する。

1節　やる気をおこす環境を心理学で探る意義

▶ 1　経験上の事実と科学

　心理学関連の市民講演会のあとなどに，「あのようなことなら，心理学者に教わらなくても，私でも知っている」というような反応がときとして出て来る。心や行動の問題は身近な関心事であり，一見なじみやすいと感じられる。しかし，本当にそうであろうか。
　たしかに，やる気の問題についても，日常的な経験で知ることは多い。たとえば，小さい子どもは，何かができると「見て，見て」といって披露したがる。「上手，すごい，よくできるね」と囃すと，つき合いが面倒になるくらい

くり返す。また，がんばったらお駄賃をあげるのが有効であることも確からしい。子どもだけではない，毎夕食のとき，家庭のリーダーが「マズーイ」と言い続けたら，その家の夕食は，店屋物ばかりになってしまうであろうことは，想像に難くない。

　このように，ここでの興味であるやる気の問題は，誰もが日常的な経験から何となく知っていることである。しかし，知っているはずの両親や教師が指導にあたっても，やはり壁につきあたるのが実際である。人の行動や人間関係の問題は，日常的で理解しやすく感じるために，人はそれぞれの経験から得た事を普遍的な真実と考えがちである。その結果，「きびしいやり方で，子どもの教育に成功した」と自負している人が，隣の若奥さんや息子の奥さんに，「もっと厳しくしないと，取り返しがつかないことになるわよ」などと指導して，取り返しがつかないことを引き起こすようなことが起こるのである。

　たとえば，ある人がお駄賃でやる気を刺激できることを経験しても，それは「その事例での事実」であろうが，それが普遍的な真実とは限らない。日本だけの経験のもち主が，「7月は暑い，1月は寒い」を真実と信じていても，赤道直下や南半球では効力をもたないのとよく似ている。ここで，地球の公転運動，地軸の傾き，緯度から"暑さ寒さ"を演繹（導き出す）すれば，上記の経験は普遍的真実に帰着する。これが科学である。

　心理学は19世紀後半に独り立ちした若い学問であるが，人間の行動に関する事を，科学として普遍的な理論でとらえようとしてきている。やる気の問題を考えるにおいても，心理学に基づく指針が最も確からしいのは，心理学が科学性のうえに成り立っているからである。もちろん，優れた指導者が，いつでも心理学的な分析をもとにしているわけではない。多くの経験から独自の指導方略を会得し，余人には真似のできない効果的な指導がなされている例は少なくない。しかし，核家族化が極まった現在，子どもを授かった両親は完全に素人からの出発であり，新任の教師は大学を卒業してすぐに教壇に立たなければならないのも事実である。このような状況のなかで，適正で効果的な養育や指導の道標としては，心理学的分析に基づいた一般的で普遍性をもつとされるものによるのが適切であろう。

▶ 2　心からではなく行動から探る

　研究者の屁理屈と思われるかもしれないが,「3 年生のとき A 君は熱心に勉強する"心"をもっていたのに, 4 年生になって, その"心"を失った」というとらえ方と,「3 年生のとき A 君は熱心に勉強に取り組む"行動"を示していたが, 4 年生になって, 勉強をしない"行動"を示すようになった」というとらえ方は違うのである。

　心理学は字義通り, 心を対象にしようとしたのであるが, 観測・観察→仮説化→検証のくり返しで理論を構築する科学の立場では, 心は観測・観察できるものではないので対象となりづらい。たとえば, 弟妹にずっと優しい行動をとっていた姉について,「お姉さんの"心"は優しい」ととらえるとする。母親が亡くなった途端に, 弟妹につらくあたり出したら, 姉の"心"が急変したことになるが, "心"は観測できないので, 意味のある理解に行き着くのは困難である。一方,「姉は, 弟妹にずっと優しい"行動"をとっていた」→「母親の死亡から, つらく当たる"行動"をとるようになった」というのは, 観察に基づく事実である。そうして, 研究の結果, 行動の急変をもたらした原因が,『優しい"行動"の駆動力が,「弟妹への優しい行動に対する母親からの賞賛の獲得」にあり, 母親の死亡で, それが消滅した』と結論されたとする。この一連の流れで, "心"という概念は用いられず, "行動"が対象である。これが行動心理学の組み立てであり, 現代の心理学の大きな柱の 1 つである。

　前述の A 君の問題も, 心でとらえる場合の処方箋は,「A 君, 去年はがんばっていたじゃない。その心をとりもどしましょうね」という指導にしかなり得ず, 無力なのである。後者の場合, 3 年生のときの A 君のがんばり"行動"の駆動力は何だったかの分析から始まる。それは, 親の期待だったかもしれない, 友人 B 君に勝ちたかったからかもしれない, その他多くの駆動力が考えられる。そうして, 4 年生になって, どれかの駆動力に破綻がきたものと分析し, それに対処するというメカニズムになるのである。

　人間の行動を対象とする心理学では,「人間が行動を起こすのはなぜか」ということに関する公理的な考察から出発して, 行動を支配する因子を分析し, それらの因子の関数として行動を予測・説明する理論の構築が目指されてきて

いる。"やる気"を起こさせ維持させる指導指針も，多くの場合，この枠組みで指摘されており，それらを理解するには，理論の成り立ちを簡単に知っておく必要がある。次節以降で，いくつかの理論を簡単に概観しておく。

2節　人間が行動するということ

▶ 1　行動に駆り立てるもの

　やる気を奮い立たせる教室を考えるにあたって，やる気とは何かという理解が第一歩である。人を行動に駆り立てるには何らかの原因があるという考えのうえに立って，その原因を環境内にある強化子に求めるのではなく（第4章参照），動機づけ（motivation）という概念語でとらえるのが，動機づけ心理学である。この動機づけという概念は，現在では広範に行きわたっており，指導的な立場の人たちの多くが，日常的に使用するまでになっている。

　動機づけは，その起因に基づいて，大きく生理的動機づけと社会的動機づけに分類される。生理的動機づけは，生命の維持や種の保存に起因するもので，摂食，排泄，睡眠，生物学的な危険回避，生殖行動などがこれにあたり，個体差はほとんどない。社会的動機づけは，集団と個との相互作用，すなわち，社会生活を通して認識される欲求因子に基づくものである。後述するが，Murray（1964）によって列挙された欲求リストを示しておく（表6-1参照）。それら

表6-1　マレーの欲求リスト（Murray, 1964）

達成欲求（achievement）	傷害回避欲（harmavoidance）	求護欲求（succorance）
親和欲求（affiliation）	屈辱回避欲（infavoidance）	優越欲求（superiority）
謙虚欲求（abasement）	不可侵欲求（inviolacy）	理解欲求（understanding）
攻撃欲求（aggression）	養護欲求（nurturance）	獲得欲求（acquisition）
自律欲求（autonomy）	秩序欲求（order）	非難回避欲求（blamavoidance）
反作用欲求（counteraction）	遊戯欲求（play）	認識欲求（cognizance）
恭順欲求（deference）	排斥欲求（rejection）	構成欲求（construction）
防衛欲求（defendance）	隠遁欲求（seclusion）	解明欲求（exposition）
支配欲求（dominance）	感性欲求（sentience）	承認欲求（recognition）
顕示欲求（exhibition）	性欲求（sex）	保持欲求（retention）

の欲求に起因する社会的動機づけには，個人差のみならず文化に基づく差異や地域差もある。本章の対象であるやる気は，社会的動機づけの範囲で考えるべきものである。

動機づけについて，もう1つ異なる観点からの分類がある。これらは，内発的動機づけ，ならびに，外発的動機づけとよばれるものである。幼児や低年齢の子どもなどで，「何？」，「なぜ？」という問いかけで，旺盛に知識を吸収しようとする様態がよくみられるが，これなどが内発的動機づけの典型とされる。また，1人遊びをしている幼児が石放りをするときなど，誰も見ているわけでもないのに，なるべく遠くに届かせようとする傾向がみられる。これなども内発的動機づけとみられるが，より困難な目標を達成することによる，身体機能の確認ともいえる。このように，内発的動機づけは，個－社会間の相互作用の因子は希薄で，課題そのものへの接近行動である。

一方，外発的動機づけとは，外的な力によって起こる動機づけである。外的な力には，賞（褒める）や罰（心身への加苦痛），義務感，強制などがある。クラスで上位であるべきというものや，出世，昇進をめざして，当面の課題を遂行するのも，外発的動機づけの典型である。

内発的動機づけによる学習は持続性に富み，またその効果も大きいとされる。しかし，生涯を通じて内発的動機づけで課題に向かい続けられるのはまれで，加齢とともに外発的動機づけの比重が増大する。人間社会が，個人が興味あることをしておけば生きていける構造になっていないからである。低年齢においてすら，内発的動機づけで制御できない学習課題が発生する。都道府県名を覚えたり，かけ算の九九を覚えることなどがこれに当たる。このような場合，外発的動機づけに頼らざるを得ない。外発的動機づけによる学習行動の効果はおのずと限界があると考えられているが，内発的動機づけと外発的動機づけは，完全に排他的な関係にあるのではないとされる。課題遂行が自己の目的や価値観と一致しているような場合には，この2つの動機づけはシネルジックに作用し得る。学習環境を効果的なものにするということは，結局のところ，これら2つの動機づけが適正に作動する環境を整えることにある。

▶ 2　達成動機づけ理論

　社会的動機づけにおいて，達成動機づけ理論の枠組みがあり，動機づけ心理学の大きな柱となっている。達成動機づけ理論は，1930年代における Murray の欲求理論にさかのぼる。Murray の理論は，「①人は各種の欲求（need）をもっており，②行動は欲求の充足過程である」，と要約できる。Murray は30個の欲求を取り上げ，欲求の種類や欲求の強さと行動との関係を研究した。表6‐1に示した Murray の指摘した欲求群は，以降の研究者も踏襲して使用しており，本章でもいくつか引用する。

　この Murray の萌芽的研究を展開したのが，McClelland と Atkinson である。McClelland は，Murray が列挙した欲求群のなかで，達成欲求を重点的に研究した。続く Atkinson もこの流れで研究を展開したが，彼らの実験的研究において，人の達成欲求の強さと達成成果との間の強い相関が見いだされ，達成動機づけ理論の有効性が認められ，理論として確立するにいたったのである（Atkinson, 1964, 1974; Atkinson & Feather, 1966）。

　達成動機づけ理論とは，ある人が属する社会的集団において"望ましいとされる評価対象事項"に対し，①人は，高いレベルでそれを達成しようとする欲求，言い換えれば，自力で高い目標をクリアしようとする欲求をもつものであり，②その欲求こそが動機づけであり，人の行動を規定する，というものである。

　学習現場で頻繁に使われる"やる気"は，達成動機づけときわめて近い概念であるため，学習環境を考える場合，達成動機づけ理論に基づく分析は，最も有効な手段の1つであると考えられる。

▶ 3　Maslow の欲求階層構造

　学習環境，特に児童の学習的環境を個別的にとらえるうえで，示唆に富んでいるのが，Maslow の欲求理論である。この理論も，行動は欲求の充足過程であると仮定するものであるが，Murray から Atkinson にいたる系譜とは異なるものである。Maslow の理論（Maslow, 1970）では，人間の基本的な欲求には段階があり，動機にも低次から高次のものがあるとする階層構造を主張してい

表6-2 マズローの欲求の階層モデル (Maslow, 1970)

⑤	self-actualization needs （自己実現欲求）	自己の成長，能力の利用への欲求
④	esteem needs （自尊欲求）	他人からの尊敬，思考や行動の自律性への欲求
③	belongingness-love needs （所属と愛の欲求）	集団への所属，愛情への欲求
②	safety-security needs （安全欲求）	安全と安心な状況への欲求
①	physiological needs （生理的欲求）	自己の生理系の維持に関する欲求

る（表6-2参照）。

　Murrayが欲求間の関係を無関係としたのとは異なり，Maslowの理論では5つの欲求を階層構造化しただけでなく，独立性も認めない。この理論は，低次の欲求が合理的な程度に充足されない限り，それより高次の欲求が作動しないと主張するものであり，「衣食足りて礼節を知る」という格言を彷彿とさせる。この理論は，不適格な両親のつくる家庭で，次元③の欲求に破綻が来ているような状況では，④や⑤に基づく動機づけである学習意欲などは望むべくもないことを主張しているともいえる。現在の日本では，食事の不提供や暴力などで，②や①すらも危ぶまれる場合もある。

▶ 4　"やらない気"もある

　McClelland，Atkinsonと続く達成動機づけ理論の流れのなかで，やる気に関する重要な概念が出て来た。それは，達成動機が成功願望と失敗恐怖の2つの欲求のせめぎ合い（葛藤）から構成される，とするところである。この動機の，正方向，負方向の2元分解は，現実の生徒の行動様式を分析するうえで重要な因子である。Atkinson（1964, 1974）は，行動に関しても2元的なとらえ方を導入し，達成志向行動を，接近傾向と回避傾向のせめぎ合いの結果としている。接近傾向と回避傾向の正負2成分は，成功願望と失敗恐怖の関数でとり扱われる。ここで，成功接近傾向は，達成動機（成功欲求），成功確率，成功の誘因価の積関数として表現された。達成動機とは「成功したときに誇らしいと感じる能力」であり，成功の誘因価は「その課題に成功したとき，誇ら

しい気持ちを引き起こす程度」と定義され，課題の難度が大きいほど大きい。Atkinson は，これらを扱いやすく数式化している。

```
成功接近傾向　＝（達成動機）×（成功確率）×（成功の誘因価）
失敗回避傾向　＝（失敗回避動機）×（失敗確率）×（失敗の誘因価）
達成動機づけ　＝　成功接近傾向　－　失敗回避傾向
```

　ここで，Atkinson は，「成功の誘因価＝1－成功の確率」とし，課題の難度が大きいほど成功の誘因価が大きいことを表現している。失敗回避の動機についても，同様に数式化をしているが，このとき，失敗回避の動機は，「失敗したときに恥ずかしいと感じる能力」である。また，失敗の誘因価は「その課題に失敗したとき，恥ずかしい気持ちを引き起こす程度」であり，課題の難度が小さいほど大きいとし，「失敗の誘因価＝1－失敗の確率」で表現した。もちろん，これらの確率は，主観的な受け取りである。この取り扱いは，大学受験にあたって，今年はあきらめたと覚悟した受験生が，いたずらに難度の高い大学ばかり受験する行動などを思い浮かべれば理解しやすい。

　この分析は，あたり前のように思われるかもしれないが，大きなパラダイム変化である。"やる気"だけを取りあげると，やらない行動を示す児童に対して，「もっと興味をもたせるように指導すべきか」，「ご褒美をあげたらよいのか」，「叱ったらよいのか」，などの"やる気"の正方向のベクトルの強化だけでしか考えないことになる。指導に当たって，"やらない行動"を失敗恐怖という動機から出て来る回避傾向かもしれないという考えももち合わせる必要性があることを明らかにしたのである。

3節　やる気と教室

　ここでいう教室とは，「学習環境（Learning Environment）」とよばれるもので，教師やクラスメートとの関係性，課題のあり方，評価のあり方，親のふるまいなど，すべてを含む学習に関する構造ともいうべきものである。1980年代に，このような概念での学習環境が，学習者の動機づけにどのように影響するかに焦点をあてた研究が，達成目標理論とよばれる理論の枠組みのなかで進

展した。ここでは，教室の構造とやる気について，これらの研究がもたらした成果を概観する。

▶ 1　まわりの状況を把握するメカニズム

状況の認識と行動との関係に関する心理学上の重要な理論に，原因帰属理論がある。この理論の上に達成目標理論が構築された経緯から，まず原因帰属理論から述べる。

Kelley らによると，人間は，とりまく状況や起こっている事柄を理解するように内発的動機づけがなされていると考える。Murray の認識欲求ならびに解明欲求がこれに当たる。この仮定から出発して構築されたのが，原因帰属理論である。ここでいう「帰属」とは，『ある出来事の原因を何らかの原因に帰し，それによって，人や事物のもつ固有の持続的属性（disposition）を推測する過程（process）（外山，1994）』という意味とされる。難解な概念のように読めるが，例を考えるとわかりやすい。ある会社の部長 A が，ほとんどの部下とうまくいかない場合，A 部長の性格に問題の原因を「帰属」するであろう。これが「帰属」の意味である。

原因帰属の意義については，①原因帰属によって，自分の周囲の状況を持続的属性として把握し，②その把握に基づいて，将来を予測し，自己を状況に適応させる方略が立てられる，という指摘がされている。ここで，「持続的属性」という難解な表現がされているが，「A 部長はインフルエンザに罹っているから嫌われる」では，いずれ回復するから，持続性がある属性ではない。これでは，将来予想に役立たないのである。上記したように，原因帰属の機能は，環境適応能力の一場面と考えられている。たとえば，「A 部長の性格は悪い」→「部下になったらひどい目に遭うだろう」→「A 部長の部下にならない手だてを尽くす」という具合である。このように，原因帰属は，その後の行動を支配するものであり，それゆえ，行動心理において重要な枠組みとなった。

ここで，重要なのは，帰属された原因が，真実かどうかは別問題という点である。部長 A は，どの部下もやりたがらないやっかいなミッションを命ぜられているからかもしれない。たとえば，A 部長に課せられたミッションの困難性に「帰属」し，そのミッションに自信がある人なら，「A 部長に課せられた

仕事はたいへん」→「自分が部下になったら，うまくこなせる」→「A部長の部下になって，手柄を立てて，課長に昇進する」となるかもしれない。しかし，A部長の性格に問題の原因を帰属した人にとっては，「A部長の性格は悪い」が当面の真実なのである。このように，ある人が原因帰属をする場合，同じ事柄であっても，人によってとらえ方が異なり，それゆえ，ある状況に応答する行動の個人差は，その状況の受け取り方の個人差をつくり出す。

さて，1970年代に入ると，この原因帰属理論は，ある人の外界だけでなく，その人自身をめぐる事象，たとえば成功／失敗などに関しても，働いていると考えられた（Weiner, 1972）。Weinerの原因帰属理論では，①人は自分や他人の成功／失敗を，何かの原因に帰属させようとする，②帰属させる原因が何かということが，以後の課題への取り組み動機に影響する，と結論された。さらに，内的として「能力」と「努力」，外的として「課題の難易度」と「運」の4つが，知覚される因子として考えられた。たとえば，試験の成績が悪かった生徒が，それを「自身の努力不足」に帰属させれば，以降は努力をしようとするであろうし，「生まれつき頭が悪い」に帰属した生徒は，無気力に陥るであろうことは，第5章でも説明されている。

ここで，帰属原因は真実とは限らないから，その個人の帰属原因を修正指導することが可能である。ここに，指導による，やる気の回復の可能性の余地が発生するのである。この考え方が発展して，達成目標理論に展開されていったのである。

▶ 2 教室構造が及ぼすやる気への影響

(1) 達成目標理論の成り立ちと意義

学習に関するやる気について，現在，最も中心的な理論が，達成目標理論である。この理論は，1980年代前半に，米国のDweckによって提唱された（Dweck, 1986; Dweck & Elliot, 1983）。この理論の大前提は，人は自己の「有能さ」を追求する，とするところである。ここでいう「有能さの追求」の意味は，がんばって努力するという意味だけではなく，後述するように複雑な内容を伴っている。ここで，有能さを支配する知能に関して，人により受け止め方が違う。これを知能観という概念でとらえ，2種類の知能観が設定された。そ

の1つは，固定的知能観であり，知能を変化しない属性ととらえる。俗にいう「生まれつき頭が良いとか悪い」というのに似ている。もう1つは，増大的知能観とよばれ，知能を経験や技能の蓄積とみなし，成長し得るものととらえる知能観である。

「人は自己の「有能さ」を追求する」わけであるが，Dweckのモデルでは，その人の知能観の違いによって，その目標が違ってくる。増大的知能観をもつと，努力して経験や技能の蓄積を増せば，知能も進化し，その結果，「有能さ」も伸長すると考える。このような学習目標を「習得目標」とよぶ。すなわち，増大的知能観をもつ人は，「習得目標」に従って行動すると考える。一方，固定的知能観によると，能力は変わらないことになるので，これを増大させようということにはならない。固定的知能観をもつ人は，周囲に自分の能力を高いと示すことを目標として行動をするというのである。このように，上記の「有能さの追求」には，他者に自己の有能さを認めさせることも含まれている。このような目標を，「遂行目標」とよぶ。この2つが，Dweckのモデルにおける，達成目標の種類である。

さて，では行動はどうなるのかである。習得目標をもった人は，ともかく努力して経験と技能の蓄積を増大させることに勤しむことになる。また，他人の目にどう映るかはパラメーターに入っていないので，失敗／成功は大きな問題ではなく，難度の高い課題にも取り組み，もし失敗しても，成長のための段階ととらえる傾向を示すとされる。一方，遂行目標をもった人の行動は，複雑である。まず，自己の能力からみて提示された課題の解決が，可能／不可能，の自己判定がある。可能とみた場合には，むずかしい課題にも取り組み，能力の高さを示そうとする。しかし，困難とみた場合には，課題への取り組みを避ける傾向を示す。失敗して能力の低さを露呈することを恐れるあまりであり，それが過大となると無力感に陥るとされた。このDweckのモデルによる，無力感の分析は，大きな意味をもつのである。

この理論モデルを概念図で示しておく（表6-3参照）。

　この理論に基づく実験的研究が数多くなされ，現在では効力のある理論として確立している。また，この理論の研究展開において，セルフ・ハンディキャッピングという，教育指導上で重要な問題も発見された。たとえば，遂行

表6-3 達成場面における知能観，達成目標および，行動パターン（Dweck, 1986 より）

知能観	達成目標	有能さに対する自信	行動パターン
増大的知能観 →	習得目標	高い →	熟達志向型
		低い →	熟達志向型
固定的知能観 →	遂行目標	高い →	熟達志向型
		低い →	無力感型

目標を強くもった子どもが，試験などで悪い成績をとって頭が悪いと思われたくないために，わざと勉強を放棄し，当然悪くなる成績を，勉強をしなかったせいにするような行動である。

（2）達成目標理論に基づく研究の例

　筆者らは小・中学生を対象に，児童が知覚する学習目標構造が，やる気や学習への取り組み方にどのような影響をもたらすのかを調査した（Yamauchi & Miki, 2000, 2003）。ここでは，目標構造のタイプを，熟達目標構造と遂行目標構造とに分類した。達成目標の概要について表6－4に示す。ここでいう熟達目標は，Dweck のモデルの習得目標に対応するものである。

　成績にかかわらず努力や進歩を重視する環境である熟達目標構造の傾向は，「成績とは関係なく，先生（家の人）は努力していることを認めてくれる」といった質問項目を用いて測定し，よい点数や順位をとることが強調される環境である遂行目標構造の傾向は，「先生（家の人）は，成績が良いことがいちば

表6-4 教室環境と達成目標の分析（Ames & Archer, 1988 より）

次　元	熟達目標	遂行目標
何が成功とみなされるか	進歩，上達	良い成績，高い順位
何に価値がおかれているか	努力，学習	高い能力
満足の理由は何か	熱心な取り組み，挑戦	他人より優れた結果を出すこと
教師が求めているものは何か	子どもがどのように学習しているか	子どもがどのような成果をあげているか
失敗や誤りをどうとらえるか	学習の一部	不安をひきおこすもの
何に関心が向けられているのか	学習のプロセス	他人と比較した自分の成績
努力する理由は何か	新しいことを学ぶ	他人より優れた成績や結果を出すこと
評価の基準はどこにあるのか	絶対的基準，進歩	相対的基準

ん大切なことだと考えている」というような項目を用いて測定した。すなわち，この研究で生徒による目標構造の把握は，生徒がもつ知能観に基づいているのではなく，教師や親の期待のあり方に基づいていることが明らかとなった。

　これらの調査研究の結果，子どもが教室や家庭を熟達目標構造型の環境であると感じている場合は，勉強をおもしろいと感じ，自ら進んで課題の内容を学ぶ意欲を示し，内容がしっかり理解できるように自分なりに工夫して勉強を行なっている，などの傾向が観測できた。一方，遂行目標構造型の環境であるととらえている場合，いい成績を取りたい，もしくは，わるい成績を取りたくないということが勉強の動機づけとなっており，理解の深度は二の次になり，よい点数を取るためにとにかく暗記するといったやり方をする，などの傾向がみられた。さらに，よい点数やよい結果を出す自信がないとき，セルフ・ハンディキャッピングをすることも確認された（図6-1）。

　この研究例にも示すように，知能観から派生する目標構造をはなれて，教師や親の期待感に由来する構造として知覚される目標構造においても，その後の行動様式は，Dweckのモデルと類似しており，知覚される目標構造の重要性を示すものである。

(3) Amesの3つの次元の提案

　さて，現実の教室において，上記の無力感やセルフ・ハンディキャッピングとの闘いは深刻である。無力感やセルフ・ハンディキャッピングは，集団における能力の相対性への過度なコンプレックスに由来するのであるが，現実には教室において相対性があるのは事実であるし，その呪縛から開放されない児童がいることも事実である。ここに，達成目標理論の有効性があるのである。

　この理論に基づいて，熟達目標を支援する教室について，その具体的な構造と教授方略を提言したのがAmesである。Ames（1992）は，学習についての動機づけにおいて，児童が受け取る教室の学習の目標構造が重要であるという立場をとったうえで，それを雰囲気（atmosphere）と表現し，雰囲気を支配する要因を，次元という概念でとらえ，次の3つの次元の適正な結合の必要性を指摘している（図6-2）。

第6章　やる気と学習環境

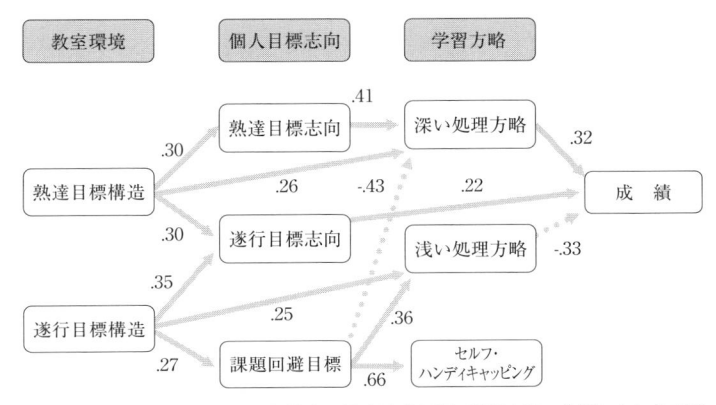

図6-1　教室の目標構造が小学生の個人達成目標, 学習方略, 成績にもたらす影響（三木・山内, 2005より）

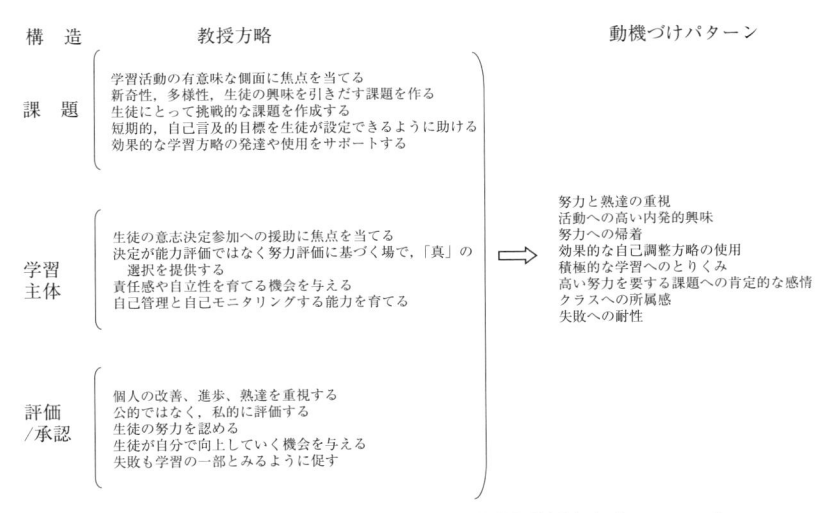

図6-2　熟達目標を支援する教室の目標構造と教授方略（Ames, 1992）

課　題：好奇心と接近意欲を喚起する課題や教材
学習主体：児童が自ら学習内容や学習方略を選択しているという自律性の感覚
評価／承認：相対的評価を極力排し，児童個々の学習プロセスと個々の微分的成長の積極的評価

さてここで，教室の機能をモデル化して捉えると①教授者（教師）が学習者（生徒）へ学習すべき事柄を伝える。②学習者はそれに応答反応して動機づけがなされ学習行動を起こし，その学習行動の成果として「学習内容や学習のやり方などの獲得」が起こる。③教授者は，個々の学習者が行なう学習プロセスや獲得された成果の質や量を測定し，その「評価」を学習者に伝える。④学習者はその「評価」に基づいて，学習活動の効率化や努力の増幅を行なう，というものであろうが，目標構造の伝達には③の評価が重要であるという帰結になる。

4節　やる気を高める実際的方略

この第6章では，やる気（≒達成動機づけ）に関する，心理学上の研究を概観的に観てきた。しかし，これらの研究成果は，直接に現場の実際に力を発揮するものではない。現場では，結局のところ，教師や両親が試行錯誤をくり返しながら，その現場や事例に適合したやり方をするしかない。それでは，心理学上の研究は何だったのか，という疑問と批判が当然に出て来る。その解答は，1節に述べたことに尽きるといってもよい。心理学は，やる気を起こさせるにつけての，現場で獲得された経験を否定するものではない。それら現場で獲得された経験的方略は，ほとんどの場合，有効なものである。心理学はそれらの種々の方略について，Scope and Limitation（限界と制約）を洗い出してきているのである。

たとえば，褒美が有効なのは事実である。しかし，こんな実事例がある。子どもに「一番になれ」という教育をする家庭があって，なんでも一番を取ったら，お小遣い500円という"契約"をしていた。その当時では500円は大きなお小遣いであった。その子どもは，何にでも一生懸命で，実際よくできたのである。あるとき，運動会の競走でいっしょに走るグループに，どうしても敵わない子がいて，自分は二番になることがわかっていた。運動会の当日，走り二番君は一番君を300円で買収したのである。一番君の走り方を不審に感じた教師が問いつめて，事態が明るみになり，両親が召喚され指導される事態となった。それ以降，その子どもは，すべての学科の成績が，がたがたになった

のである。これなどは，極端な事例であろうが，心理学では動機づけにおける褒賞の効果が研究され，その Scope and Limitation が明らかにされているのである。

この節では，やる気を起こさせる実際の方略と，その Scope and Limitation に触れておきたい。

▶ 1　興味と好奇心の効力

これは，内発的動機づけと密接に関係があり，動機づけとしては，最強で良質であり，副作用は指摘されていない。しかし，幅広い分布をもつクラス全員の興味と好奇心を維持しながらの授業は簡単ではなく，熟達を要する。また，この手法は，ある種の課題では機能しない。たとえば，かけ算の九九や，都道府県の名前などは，興味や好奇心の対象にはなりにくい。

この手法を用いる際に障害となるのは，早熟訓練である。「シーソーを遊ぶ時間を惜しんで，長さ×重さ＝長さ×重さ，を教えるようなことは，犯罪だ」と指摘した自然科学者がいるが，興味に基づかない早熟訓練は，良質な動機づけの持続に弊害をもたらす。さらに，塾などで早熟訓練を施された児童は，「そんなことは，すでに知っている」ということを，クラスにひけらかす傾向があり，それにより環境が乱されると，他の児童の興味や好奇心をスポイルする。これについては，後述したい。

▶ 2　成功確率を高める

成功確率については，2節の1．で述べた。具体的には，「なんとかできそうだ」という感覚をもたせる授業である。これは，言うは易しで，なかなか困難と思われる。それは，クラスの児童の能力が一様でないからである。現実的には，平均的な難易度をもつ課題を設定するしかないのであるが，ここで，上位能力層と下位能力層に，なにが起こってくるかを把握しておかなければならない。Atkinson の概念語で表現すると，上位能力層では，課題の「成功の誘因価」が低すぎるので，やる気を低下させている。一方，下位能力層では，逆に「失敗の誘因価」が大きいのである。これが，課題設定にどうしてもつきまとう Scope and Limitation である。

簡単ではなかろうが，たとえば，指名して解答させるような場合，下位能力層の児童には，「知っている県の名前をあげてごらん」を課題とする。一方，上位能力層の児童には，「本州の北から5つ挙げてごらん」と課題化する，というような工夫が必要になろう。それでも不十分なときには，「じゃあ，それらの県の県庁所在地もいってよ」や「その県の大きな川を知っている？」も必要かもしれない。いずれにしても，課題を設定したうえで，「答えられる人，手をあげなさい」は望ましくない。指名して，その児童に応じた課題を提示すべきである。これが，Atkinson の分析の帰結となる。

もちろん，このようなやり方では，児童に「賢い子にはむずかしい問題を出して，できない子にはやさしい問題を出している」と見抜かれるのは当然である。しかし，子どもには子どもの社会があるのであって，下位能力層の児童がその心を自分なりに整理していくのも，大切なプロセスなのである。児童が加齢して，大人社会に到るうえで，上記の心の整理は，不可欠な通過儀式である。

ここで，教室現場が留意すべきは，上位能力層の睥睨態度である。家庭の教育能力が低下している現状では，これが現場で問題化する。早熟訓練を受けている児童に，人間力が伴わない"学力"を戒め，勉強は威張るためにあるのではないことを教えるのも重要な教育であり，クラスの教育環境を適正に維持する要点である。

▶ 3 適度な褒美とその効果

Murray の欲求リストにもあげられているが，子どもに限らず人には，認められたいという承認欲求があるとされる。子どもにとって，褒められるのは明確な承認の証しであり，褒美が子どもに与える影響は大きい。また，それゆえ，褒めるという手段を用いるにあたって，その Scope and Limitation を自覚しなければ危険である。褒美は，物的な場合から，ことばでほめるものまであるが，教室としてはことばが多くなるであろう。さらに家庭などでは，親が心から喜んでいる姿も立派な褒美なのである。褒美には，2つの効果がある。その1つは，教師や親など指導者の期待がどこにあるかを伝える媒体，であり，もう1つは，外発的動機づけの手段，である。

(1) 指導者の期待がどこにあるかを伝える媒体

　達成目標理論は，各学習者が知覚する学習目標の構造が，学習の動機づけに大きな影響を与えることを明らかにしている。ところで，学習目標の構造は，褒められる場面で認識される。日本では，通知表の評価は規格化されているため，教師の考えやパーソナリティが入り込む余地はほとんどない。教師の生きた期待感を伝えるのが，授業中での褒めことばや，テストの欄外に記されるメッセージである。児童は，これらを通じて学習目標を認識していくのである。どのような目標構造を設定するかは，その教室に課せられたミッションや，教師の信念に基づくものであり，ここで取りあげる事項ではない。しかし，場面場面での褒めことばでそれを伝えるに当たって，強い一貫性が要求される。教師がブレルと，児童は混乱する。また，教師も人の子であるから，児童の性格などに好みが出て来る。しかし，褒めに関しては，この因子の混入は，厳しく戒められなくてはならない。

(2) 外発的動機づけの強化手段

　上記（1）と不可分であるが，外発的動機づけの強化手段が，ふつうにいわれる褒美である。しかし，この場合こそ，褒美の効果の Scope and Limitation を理解しておかなければならない。

　これに関して研究した社会心理学者に Deci がいる。Deci の挿話と彼自身の研究を紹介しておく。教材としての適否に関しての誤解を恐れずに挿話を紹介すると『米国南部のある町でユダヤ人 X 氏が店を構えたところ，悪少年グループが毎日「ユダヤ人，ユダヤ人」と嫌がらせに来た。X 氏は，「わたしをユダヤ人という者にはお金をあげる」といって，グループ全員に 10 セントずつ与えた。次の日には 5 セントを与えた。次の日には 1 セントにしたところ，少年達は「少なすぎる」と文句をいって，2 度と来なくなった』というものである。この挿話は，「嫌がらせ行為自体をやりがい」としていた少年たちに，お金を渡すと，やりがいがお金に変化することを象徴している（Deci, 1975）。

　Deci（1971）はまた，彼自身の実験研究において，大学生を 2 つのグループに分け，それぞれに課題（時間内にパズルを解く）を与えて，一方のグループには，成功報酬として金銭を与えた。この実験で，上記の挿話と同じ結果を得

て，金銭的報酬が内発的動機づけをスポイルする過程を明らかにしている。このような外的な報酬の提供が内発的動機づけを低下させる現象はアンダーマイニング（undermining）効果とよばれる（第4章も参照）。さらに，Lepper ら（Lepper, et al., 1973）は，外的報酬を期待したときにも内発的動機づけが低下することを明らかにしている。

　一方，報酬は金銭とは限らず，教室では言語である場合がほとんどである。同じ Deci が，グループ分け実験で，言語的報酬の効果を実験しており，言語的報酬は内発的動機づけをスポイルすることなく，動機づけを強化する（エンハンシング（enhancing）効果）を見いだしている（Deci, 1972）。

　学習行動のような動機づけに関しては，言語報酬によるエンハンシング効果は好ましいと考えてよいが，言語報酬であっても教師の褒めが動機づけの内容に大きな変化を与える事例を挿話として紹介しておく。『50 年も前の山間部の小学校で，音楽室もなくオルガンが学校で 1 つだけであった。音楽の時間前に，学級委員が当番を指揮してオルガンを教室に運び込んでおくきまりであった。あるとき，学級委員の M はそれを失念していたところ，K 達が運び込んで来た。教師が「K 君達は偉いワー。これに比べて M さんは委員なのに何よ」と言語的報酬と罰を与えた。それ以降，K のグループは，音楽の時間の前になると，オルガンのところに飛んで行って，M や当番に見つからないところにオルガンを運んで隠れ潜み，教師が教室に来てから運び込むようになったのである』。この事例では，K 達の幼さをあげつらっておけばよいものではない。児童はいずれ幼いのである。

▶ 4　罰の効果

　学習に関するやる気においては，やる気がないことは道徳的な悪ではないから，罰はなじみにくいと思われる。また，罰は教師と児童の関係性を悪化させるので，みだりに使うべきではないと思われる。

▶ 5　競争に訴える

　Murray の欲求リスト（表 6 - 1）にも，屈辱回避欲求や優越欲求があるように，競争に訴えるのは，きわめて効果的な動機づけであることは明白であ

り，また，方法としても安易である。すなわち，テストを頻繁に行ない，テスト結果の順位を評価とすればよい。しかし，親も教師も，この手法の副作用を十分に認識しなくてはならない。

　この手段では，子どもたちが遂行目標型に追い込まれていくことは容易に推測され，やる気の"質"に問題を来すであろうことは，達成目標理論の指摘するところである。また，順位が強調されている環境では，よい成績をおさめ高い順位をとって期待にこたえられるのは，原理的に一部の子どもだけに限られてしまうところが問題である。たしかに，教育システムへの競争原理の導入は必要で，実社会の構造への橋渡しとしての機能も大きいが，いたずらに順位を目的とする環境では，かなりの部分の子どもにとっては，本来学習をするべき場であるはずの教育の場が，負け組のレッテルを貼られる脅威と恐れの場となり，萎縮とやる気の喪失をもたらす原因となる危険性がある。

　現在，受験などに関連する社会情勢から，競争原理の露な導入が低年齢化しており，それに伴って，設定される目標と児童の人間的発達段階の間に，不適合が生じている可能性もあり得る。競争原理を，どの学齢でどの程度に導入すべきかの検討が必要であろう。

▶ 6　しなくてはならないことを説く

　本章の冒頭でも述べたように，「そのような勉強をなぜやらなくてはならないのか」がとても理解できないような低年齢から，学習を始めさせなくてはならないことが学習環境の構築における根本問題である。そのため，内発的動機づけなどに頼っておれないことになる。かけ算の九九や都道府県の名前など，内発的動機づけが機能しようもない事柄である。その上，漢字なども出て来る。このような事態では，児童にやらなくてはならないことを説くしかない。あるお母さんなどは，「勉強しないとお父さんみたいになってしまうよ」と子どもの父親を踏み台にして説くし，ある場合には，「うちは，医者にならなくてはいけないのだからね。勉強しなければ，どうしょうもないでしょう」と，子どもの将来の職業まで決めてかかって説く場合もある。

　これらの例のように下品では困るが，もっと高尚で説得力のあることばで，人にはやらなくてはならないことがあり，勉強もその1つであることを，説

く必要がある。低学齢はまさにこのような時期であり，低学齢の教育環境を社会的に乱すような構造については全国民的な議論が望まれる。

5節　終わりに

　やる気を起こす教室という命題で，本章のこの部でみて来たことは，どちらかというと，教師と個々の児童の間についてのものである。しかし，分布のある数十名からの児童をもつ教室では，分布に由来する困難が発生するであろう。それは，教室のミッションは，①平均値をあげるのか，②落ちこぼれをつくらないことなのか，③できる子を強調するのか，という問題である。教室のミッションを短い時間のスパンで近視眼的にみると，これらを共立させることは，非常に困難であろう。義務教育期の教育のあり方についての，国民的コンセンサスがきわめて流動的な現在，低い学齢期の教室に対して要請を発信する社会とは，父兄とほとんど同義語である。よくできる子どもの父兄は，いたずらに早熟訓練を急ぎ，やる気に関して不安な児童の父兄は，教師の授業のやり方に非を唱えがちである。

　このように，教師自身が無力感に陥りそうな状況ではあろうが，教師はなにはともあれ，児童の成長の先にある姿に関する期待像，すなわち，教室の教育を通じて将来どういう人間に育ってほしいかという人間像をはっきりもつことが肝要であろう。教師が有する正しい期待像は必ず指導に反映されるはずであり，児童の長期的な成長に正方向に資すると信じるべきであろう。

第3部　成長と学びの問題を解決するために

第7章 発達障害児の理解

最近よく耳にする発達障害とは、どのような障害なのか。自閉症、アスペルガー症候群、注意欠陥多動性障害、そして学習障害（特に読字障害）の4つを中心に、子どものときにみられるさまざまな行動の特徴と、育児や指導の際の留意点について述べる。さらに、発達障害児が大人になったとき、どのような現実に直面するのか、外国での実態調査におおまかにふれる。

1節　発達障害とは

▶1　非定型的発達脳

非定型的発達とか脳とか、むずかしそうなところから発達障害の話を始めるように思われるかもしれない。しかし、ここで説明することはごく単純なことである。人間の脳は生まれたときから完成しているわけではない。胎児期から思春期にかけて、最初は急速に、その後は長い時間をかけて大人の脳に成長していく。そして、多くの人では同じような中枢神経系の構造と機能を獲得していく。これを典型的あるいは定型的発達脳（typically developing brain）とよぶことにする。

これに対して、おそらく遺伝的な要因から、平均的な発達の軌道を逸脱して独自の発達を遂げる場合がある。これを非定型的発達脳（atypically developing brain）とよぶことにする。具体的には、脆弱X症候群やフェニールケトン尿症のような単一の遺伝子の変異によるものや、ダウン症候群などの染色体異常

によるもの，また，ウィリアムズ症候群やプラダー・ウィリ症候群のような，ある染色体の一部の微細欠失によるものなどが知られている。そして，自閉症や注意欠陥多動性障害なども複雑な遺伝的基礎の上に成り立っていると考えられる（Johnson, 1997）。

　脳の定型的発達から何らかの生物学的逸脱を示す場合を発達障害（Developmental Disorders / Disabilities）とよべば，これはきわめて単純明快である。そうすると，生得的な基盤の上に子どものころに発現する障害はすべて発達障害ということになる。しかし，一般には，発達障害という用語はそのようには使われていない。

▶ 2　行政用語としての発達障害の範囲

　ここで，話は大きく展開して，行政的にみた発達障害について説明する。文部科学省は平成19年に『「発達障害」の用語の使用について』というコメントをホームページに掲載した。そこでは，発達障害という用語の示す障害の範囲は発達障害者支援法の定義によること，学術的な発達障害と行政政策上の発達障害とは一致しないことが述べられている。

　この章を書くにあたり，発達障害という用語をどのような立場から使用したらよいのか迷うところがあったが，わが国における行政的な使用形態に合わせることにした。その理由は，実際の教育や医療・福祉の場面で，障害児・者本人や家族が混乱しないためである。

　発達障害者支援法による定義とは次のようなものである。

　『この法律において「発達障害」とは，自閉症，アスペルガー症候群その他の広汎性発達障害，学習障害，注意欠陥多動性障害その他これに類する脳機能の障害であってその症状が通常低年齢において発現するものとして政令で定めるものをいう』（第2条第1項）

　これを見ると，この法律には続きがあることがわかる。その続きは発達障害者支援法施行令（つまり政令）にあり，「政令で定めるもの」とは『（前略）言語の障害，協調運動の障害その他厚生労働省令で定める障害とする』（第1条）である。

　しかし，まだ「その他」があり，それは省令（発達障害者支援法施行規則）

を参照しなければならない。そこには,『発達障害者支援法施行令第1条の厚生労働省令で定める障害は,心理的発達の障害並びに行動及び情緒の障害（自閉症,アスペルガー症候群その他の広汎性発達障害,学習障害,注意欠陥多動性障害,言語の障害及び協調運動の障害を除く。）とする』ことが述べられている。

これがわが国の行政が定める発達障害の範囲である。ただし,これに加えて文部科学事務次官・厚生労働事務次官通知というものがあり,それによると,『（前略）法（発達障害者支援法を指す）の対象となる障害は,脳機能の障害であってその症状が通常低年齢において発現するもののうち,ICD-10（疾病及び関連保健問題の国際統計分類）における「心理的発達の障害（F80-F89）」及び「小児〈児童〉期及び青年期に通常発症する行動及び情緒の障害（F90-F98）」に含まれる障害であること。なお,てんかんなどの中枢神経系の疾患,脳外傷や脳血管障害の後遺症が上記の障害を伴うものである場合においても,法の対象とするものである。』（法第2条関係）とされる。

このように,法律の文章はわかりにくいところがあるので,次のようにまとめてみた（表7－1）。

表7－1　発達障害の定義について

第1群
・自閉症,アスペルガー症候群その他の広汎性発達障害（F84）
・学習障害（F81）
・注意欠陥多動性障害（F90）
第2群（脳機能の障害で,その症状が通常低年齢で発現するもののうち）
・言語の障害（F80）
・協調運動の障害（F82）
第3群
・混合性特異的発達障害（F83）
・その他の心理的発達障害（F88）
・詳細不明の心理的発達障害（F89）
・行為障害（F91）
・行為及び情緒の混合性障害（F92）
・小児＜児童＞期に特異的に発症する情緒障害（F93）
・小児＜児童＞期及び青年期に特異的に発症する社会的機能の障害（F94）
・チック障害（F95）
・小児＜児童＞期及び青年期に通常発症するその他の行動及び情緒の障害（F98）

注）：障害名の後の（　）内にICD-10の分類コードを付した。

この第1～3群という呼び方は筆者の命名であり，一般的なものではない。本章では，以後，第1群の障害をとりあげて説明していくが，それは第2～3群が重要ではないという意味ではない。第1群に焦点を当てる理由の1つは，わが国の教育や障害福祉制度改正の中で，第1群への早急な対応が念頭にあったと思われるからである。そのことを次に述べる。

▶ 3　谷間の障害

　少し古くなるが，谷間の障害ということばをご存知だろうか。これは，現行の障害福祉制度が適用されない，あるいは適用しにくい障害を指すことばである。発達障害の第1群は，これまで谷間の障害とされてきたものである。

　わが国では，身体障害，知的障害，そして精神障害を3つの柱として，それぞれの障害別に医療・福祉等のサービス体系がつくられてきた。障害者手帳もそれぞれにつくられ，福祉施設等もそれぞれに整備された。このうち，身体障害はその対象者数が最も多く，他の障害よりサービス内容が相対的に充実していたこともあり，法律上はこの3つの障害カテゴリーを手帳や施設を含めて一本化することになった。すでにそうなっているはずなのだが，実際の障害認定などは旧来のカテゴリーに準拠して行なわれている。その意味で，実態はあまり変わっていないようである。

　問題は，3つの柱に基づいて障害を認定する際，そのどれにもあてはまらない，あるいは当てはめにくい障害が存在することであった。その代表的な例の1つが，高機能自閉症である。高機能というのは，自閉症の特徴をもちながら知的障害がないという意味である。じつは自閉症の大部分は知的障害を伴っている。そうした子どもたちは，旧来の特殊教育（現在は特別支援教育）の中では情緒障害特殊学級（現在は特別支援学級）において教育的対応がなされ，知的障害を対象とする療育手帳の交付を受けることができた。つまり，内容や質の問題はともかく，制度上は公的サービスを受給する権利は途切れることはなかった。一方，高機能自閉症やアスペルガー症候群の場合，その多くは通常学級に在籍しているので特別の教育的対応はなされず，また，知的障害を伴わないので，療育手帳の交付もむずかしかった。障害によるニーズがあるのにサービスが受けられないということで，行政としては，従来の3本柱ではカバー

しきれない障害を新たに制度の中に組み入れるための法的枠組みが必要であった。これが発達障害者支援法である。同様のことは，学習障害や注意欠陥多動性障害についてもいえる。

　文部科学省は，一時期は上記の3つの障害（高機能自閉症，学習障害，注意欠陥多動性障害）を「軽度発達障害」とよんでいた。そうした子どもたちは全児童生徒の6％くらいにのぼり，通常学級に在籍しているとして，特別支援教育の対象とすることを決めた。逆に言えば，これまで制度上の教育的対応はなされてこなかったということである。なお，「軽度発達障害」という用語は発達障害者支援法との整合性をはかるために，すでに使用をとり止めている。

2節　学童期の発達障害

▶ 1　自閉症（Autism）

　だいぶ前になるが，自閉症は小さいころの親子（特に母子）関係に起因するという考え方があった。子どもとの間に愛着がうまく形成されないと自閉症になるかもしれないといって，当時の母親はずいぶん苦しんだのではないだろうか。この，自閉症＝心因性という考え方は今では否定されている。もちろん，子どもが自閉症であるかどうかを問わず，親子関係のもつ重要性に変わりはないし，むしろ自閉症が疑われる場合には，子どもの特徴に合わせた，より適切な育児を行なうことが求められる。その第1歩は，自閉症とは何かを正しく知ることである。

　自閉症は米国の児童精神科医 Kanner による11例の報告（1943）をもとに発展した概念である。自閉症は男児に多く（男女比3〜4：1），頻度は1万人中4〜10人であり，ダウン症候群に匹敵する数である。

　なお，広汎性発達障害（Pervasive Developmental Disorders; PDD）あるいは自閉症スペクトラム障害（Autism Spectrum Disorders）には，自閉症のほかに，アスペルガー症候群，レット症候群，小児期崩壊性障害，非定型自閉症などが含まれる。自閉症児の約4分の3は知的障害を伴っている。知的障害はないが，自閉症の特徴（後述の3主徴）を有する場合を高機能自閉症といい，

さらに言語発達の遅れがない場合をアスペルガー症候群という。また，自閉症児も注意欠陥多動性障害児と同様に，注意の集中ができないことや多動傾向がある。

　自閉症を0歳児で診断することは不可能である。一般に，乳児期は「おとなしくて手がかからない」子であり，運動発達にも大きな遅れはない。しかし，幼児期に入ると，いくつかの特徴が現われてくる。始語（初語）は大幅に遅れ，出現したとしても語彙数の増加は鈍く，コマーシャルの断片であったりする。また，表出語がある場合，反響言語（オオム返し）特に遅延反響言語が目立つ。一度出現した有意味語が消失することもある。言語発達と密接に結びつく「指差し」が見られず，あったとしても，通常の場合とは異なる性質をもつ。そのほか，視線が合わない（アイ・コンタクトがとれない），人とのかかわりを嫌がる，他人への関心の欠如，共感性の欠如などがある。一方で，手のひらをひらひらさせたり，ピョンピョン跳ねるなどの常同行動や，日常の習慣（ものごとの順序や物体の位置，衣服や道順など）を少しでも変えるのを嫌がるといった執着あるいは強迫的行動がみられる。自傷行為は広い意味で常同行動の1つと考えられる。これらは同一性の保持とか変化への抵抗といわれるものである。もし強制的に止めさせればパニックを起こすので注意しなければならない。また，興味や関心の幅が狭いので，たとえばおもちゃの車輪などをいつまでも触ったり回し続けていたりする。

　自閉症は基本的に次の3つの障害（3主徴）から特徴づけられる。

①コミュニケーションの障害：会話や抑揚，身振り，表情などの非言語的側面を含むコミュニケーション全般の障害である。自閉症児はことばの意味や相手の意図が理解できず，ことばに代えて，身振りや表情，動作などを利用することも困難である。
②想像力の障害：思考のプロセスに堅さがあり柔軟性がない。また，想像して考えることができない。身のまわりの変化を嫌い，どんな変化でも過度に反応して動転しやすい。強迫的で紋切り型の行動が見られ，体を揺するとか手をパタパタするなどの同じ動作をくり返す傾向がある。
③社会性の障害：人との関係をつくることや，共感することが困難で，ふつうの身体的接触も嫌がる。視線も合わせにくい。自然に人間関係が成立することはなく，相手の気持ちや考え，意図などはわからない。

社会的行動には,「心の理論」が必要である。「心の理論」が年齢相応に発達している子どもは自閉症でなく,「心の理論」が育つために必要な能力が備わっていないのが自閉症である。この能力は,精神的な状態を心に描くことや,思考を現実から切り離して考えるのに必要な能力である。この能力がなければ,心理的な状態を把握することができないので,社会性・コミュニケーション・想像力のすべての発達が期待できなくなる。具体的には,共感するとか,ユーモアを理解するとか,相手が話したがっていることに気づくとか,皮肉やうそを見抜くといったようなことができなくなる。自閉症児が「ごっこ遊び」をすることができないことも,「心の理論」の障害から説明できる。また,自閉症児にできることとできないことを観察することで,社会的行動とよばれるものの中に,「心の理論」を必要とするものと,必要としないものの両者があることがわかる（Frith, 1996）。

　自閉症児は,ことばに反応して注意を喚起したり,内容を理解することは非常にむずかしい。それを少しでも容易にするためには,むだなおしゃべりを避け,聞いていることを確かめてから,静かに明瞭に話すべきである。また,自閉症児は音や光,触覚,嗅覚,味覚にきわめて過敏で,ちくちくするような肌触りの物（たとえばウール）は大嫌いで,突然の物音やまぶしい光などにはおちつきをなくしてしまう。彼らに優しい環境とは,安全を感じさせる,構造化された,視覚的に把握できるような環境である。刺激に対して過敏である反面,自閉症児は痛みを感じる閾値が高いので,事故には気をつける必要がある。

　自閉症児と接する際に大事なことは,ありのままを受け入れて尊重すること,彼らが予想しやすい行動をとること,いっしょにいても安心だと感じさせること,こちらのやり方を押し付けず彼らに合ったやり方（彼らのニーズに応えるやり方）を工夫すること,パニックを起こしたときにそれを上手く放出させる場所や方法を見つけること,不適切な行動についてはよく言い聞かせること,リラックスできる機会や場所を確保し,他の人と離れられる時間もつくること,うつなどの気分障害に注意すること,自分で意思決定ができる機会を増やすこと,自尊心や自信を高めること,上手く反応できる手がかりを見つけ,

その使用をうながすこと，行動発現にどのようなもの（こと）が報酬となるのか調べること，厳しく叱ったり，皮肉を言ったり，曖昧なことを言うと彼らは当惑し混乱してしまうので避けること，感覚過敏を引き起こすものが環境にないか調べることなどである。

▶ 2　アスペルガー症候群（Asperger syndrome）

　前に述べたように，広汎性発達障害あるいは自閉症スペクトラム障害の1つで，コミュニケーション，社会性と想像力に制約があるが，言語の発達には遅れはなく，知的機能も平均以上であることが多い。しばしば動きのぎこちなさを伴う。圧倒的に男児に多い。症状の個人差も著しい。アスペルガー症候群は注意欠陥多動性障害や学習障害，恐怖症や強迫性障害などと併存することがあり，生活のちょっとした変化に過敏に反応し不安を抱きやすい。また，学校や会社で友人や同僚から孤立しがちで，そのため抑うつ的にもなりやすい。

　アスペルガー症候群の人々の自閉症状は「軽い」と誤解されがちだが，けっして軽くはなく，その影響は生活全般に及んでいる。アスペルガー症候群と高機能自閉症は同じように思われがちだが，2つは異なる病態である。アスペルガー症候群の人々は平均以上の知的機能を有し，良好な言語スキルをもつ。幼いころのことばの遅れはない場合がほとんどである。良好な言語スキルは，字義通りに意味をとらえて相手の動作や表情を読み取る能力の欠如を隠してしまいがちである。身体スキルや視覚運動スキルの拙劣さ，不器用さ（clumsiness）などはアスペルガー症候群の特徴といわれるが，これらを示さないケースも少なくない。アスペルガー症候群の人々は興味の範囲が狭く，ある特殊な儀式への執着があり，きわめて融通性に欠ける。また，変化を嫌い，いつも「同じであること」を好む。居心地がよいのは日課に従って行動するときである。アスペルガー症候群は自閉症と比べて社会に適応しようと努力し，みんなとつき合いたい，仲良くしたいという願いをもっている。一方で，不安が強く，自尊心が低下しがちで，失敗することを恐れ，誤解されること，誤解することを恐れる。また，自分がみんなとどこか違う，みんなとうまく合わせられないという不安もある。アスペルガー症候群の人々は極端に自己中心的で，何をするにも無理な達成目標を立てがちでもある。

アスペルガー症候群児は小学校あるいはその前に早くも困難に遭遇する。彼らは家庭や学校で乱暴な行動を示すことがある。こうした行動は一風変わった奇妙なものとして家庭では早くから気づかれているが，親もまた，ちょっと変わっているが，それはこの子の個性なのだとみなしがちである。

中学校まで問題が顕在化しない場合もある。なにしろ，アスペルガー症候群児は成績がよいのが通例で，クラスでいちばんだったりもする。そうした中で，彼らはますます周りの人間の行動や意図を理解しないようになる。また，身振りを含めたコミュニケーションの多様性が理解できないようになっていく。

▶ 3　注意欠陥多動性障害（Attention Deficit/Hyperactivity Disorder; ADHD）

注意欠陥多動性障害（ADHD）は，不注意，多動，衝動性という3つの行動に特徴づけられる症候群である。ADHDの頻度は，欧米では3～9％程度であり，男女比は4：1から9：1ともいわれる。

①不注意……授業の時など注意の集中が必要な場面で，それができない。
②多動性……動き回ったり，座っていてもおちつきがなく，じっとしていられない。
③衝動性……考えなしの行動や，待たなければならない時にそれができない。

この3つの症状をもち，学校（あるいは仕事）や家庭や友人関係などの2つ以上の状況でこれらの症状がみられ，かつそれが生活上における障害となっている場合にADHDと診断される。また，症状の程度により，混合型，不注意優勢型および多動性 - 衝動性優勢型の3つに分類される。ADHDかどうかを判断する際には，年齢相応の多動や不適切な環境要因による多動と区別することが必要である。また，広汎性発達障害や気分障害（躁うつ病，うつ病など）あるいは心因反応などの可能性はないか確かめることも必要である。学習障害との合併は高頻度にみられる。

性格的特徴としては，場に依存的で衝動性や興奮しやすさや気分の変わりやすさがあったり，幼い感じがしたり，自己中心的，頑固，固執などがあったり，人へのかかわり方も不適切なことが多い。一方で，不安や劣等感，非成就感が強い傾向がある。

ADHD もまた脳の何らかの機能不全が想定されている。中枢神経系刺激剤が ADHD に特異的に有効であることから，カテコールアミン系の脳内伝達物質であるドーパミンないしはノルアドレナリンの低活性によるものではないかという推測がある。しかし，ADHD には明確な神経学的所見はなく，不器用さや神経学的ソフトサインがしばしば認められる程度である。遺伝子レベルの研究でも，今のところ特異的な所見はないが，家族的に出現するという報告もある。脳画像診断により，前頭葉の機能低下を指摘する報告もあるが，ADHD に特有の所見ではない。

　ADHD 児への働きかけは，不注意，多動，衝動性の減弱とコントロール，合併する症状や障害への対処，友人関係や学校・地域環境の調整，家族支援の4つに分けられる。

　本人に働きかけるには，ADHD の特徴と子どもの発達段階，学業をはじめ生活全般にわたる得意と不得意などを適切に評価して子どもを理解することから始める。学校を含めて環境調整することが大切である。

　メチルフェニデート（商品名リタリン）などの中枢神経系刺激剤が多くのケースで効くといわれる。このおもな副作用として，不眠や食欲不振などがある。長期連用による薬物嗜癖が問題とされることもある。

　ADHD の症状は親の育て方によるものではないが，親がまわりからの援助を受け，接し方を変えることにより子どもは変わる。たとえば，親が子どもの長所を認めて，子どもを叱ることを少なくすることにより，子どもの行動が改善したり，自信をもてるようになる。

　年齢とともにあちこち動き回る多動性は減り，座ったままでそわそわするなどの状態に変化する。衝動性や不注意も，おおむね年齢とともに減少する。行為障害や反抗挑戦性障害などが併存すると，その程度によって社会への適応はむずかしくなる。気分障害や不安障害，トゥーレット症候群などが合併してくる率が一般の子どもに比べて高いとか，アルコールや薬物の乱用の頻度も高いといわれるが，その予防や改善のために環境調整することが重要である。

　学校では，ADHD 児が課題に取り組んだり移動したり仲間と協同したり指示に従ったり注意を維持したりする際に，環境をできるだけ構造化して問題が起こるのを防ごうとしている。ADHD 児に対しては，予測可能性があり，構

造化されており，取り組む時間が短く，個別の教示と正の強化と興味を起こさせるカリキュラムの設定などが必要である。

　教師は，まず ADHD 児が自分ではどうしようもないということ，いたずら，わんぱく，行儀が悪いのではないということを受け入れなければならない。そして，きっとうまくやれるという期待をもち続け，彼らの変化（進歩）を注意深く観察することである。指示を与える時は，はっきりと何度もくり返し，可能ならことばだけでなく視覚的に（たとえばスケジュール表）伝える。そして，つねに，伝わったかどうか，理解できたどうかを確かめる。何より公平さと一貫性がなければならない。フィードバックは曖昧でなくはっきりと与えなければならない。その際，良いことと悪いことの区別も教える。長話は避け，相手がどうしてほしいと望んでいるかをポジティブに伝える。時間制限のあるテストの成績は，彼らのもっている力を正しく反映しないことに留意する。宿題も長いものは避け，質的な課題とする。また退屈な課題は避け，興味を引き起こす内容のものとし，かつ，いくつかの部分に分解するとよい。

　処方された薬の服用（最近，リタリンが厄介なことになった）にあたっては，副作用とおぼしき症状（体重減少，頭痛，不眠など）に注意し，適宜医師と相談する。こうした薬は ADHD 児の注意集中を高め，衝動性や多動性を抑制するが，それは治ったということではない。そうした状態に導いているだけである。重要なことは，良い状態の時にいかに彼らに達成感や成功体験を味わわせるかである。薬そのものが ADHD を治すのではない。

▶ 4　学習障害 (Learning Disorders/Disabilities; LD)

　わが国では，学習障害というと文部科学省による平成 11 年の定義がよく用いられる。すなわち，『学習障害とは，基本的には全般的な知的発達には遅れはないが，聞く，話す，読む，書く，計算する，推論する能力のうち特定のものの習得と使用に著しい困難を示すさまざまな状態を指すものである。学習障害は，その原因として，中枢神経系に何らかの機能障害があると推定されるが，視覚障害，聴覚障害，知的障害，情緒障害などの障害や，環境的な要因が直接の原因となるものではない。』（「学習障害及びこれに類似する学習上の困難を有する児童生徒の指導方法に関する調査研究協力者会議」報告より）。こ

れに対して，ICD-10 の「学力〔学習能力〕の特異的発達障害」や米国精神医学会による精神疾患の診断・統計マニュアル第 4 版新訂版（DSM-Ⅳ-TR）の「学習障害」の定義は異なる。共通しているのは，学習障害は，知的障害とは異なり（つまり学習困難の原因は知的障害のせいではない），中枢神経系における何らかの機能障害により，読む，書く，計算するなどの過程に著しい困難を示すものであることや，学習障害は感覚（たとえば視覚）の障害や劣悪な環境のせいではないことが前提となっていることなどである。

　ここでは，定義の問題にあまりこだわらずに，学習障害という用語が総称であって，その中には，読字障害，書字障害，算数障害などが含まれるということから出発し，これらの中で最も数が多いといわれる読字障害（Reading disorder）すなわちディスレキシア（Dyslexia）に焦点を当てる。なお，読字障害は「読み書き障害」ともいわれるが，読むことの困難さが書くことにも影響を及ぼして，結果として読み書き双方の障害として現われるということであり，主要な原因は読めないことにある。

　ディスレキシアは言語システムの障害であり，とりわけ音韻処理の障害であるといわれる。正確に流暢に読めるだけの知的能力と意欲がありながら，努力してもなかなか文字や単語，文章を読めないのがディスレキシアである。

　19 世紀末，大脳における機能局在と半球優位に関する研究が進む中で，成人に類似した神経心理学的症候が子どもにもみられるとする報告が現われた。1896 年にイギリスの Morgan は，視力に問題なく聡明であるのに，いくら教えても読字の著しい困難が改善しない 14 歳の少年の例を先天性語盲として報告した。Morgan は，先天性語盲の原因は文字や単語の視覚記憶の障害にあると考え，同様の症候を呈した成人の剖検例から類推して，先天性語盲の場合でも左頭頂葉角回の損傷があると仮定した。のちに Orton は，発達性の読字困難は大脳半球優位の欠如が原因であると考え，多くの読字困難の症例を観察して，適切な教え方をしても，単語を認識する能力は知的能力に比して著しく低いこと，単語全体を見て読みを学ぶことの一貫した困難があること，読字や書字の際に文字や単語が逆転すること，そのため，b と d，p と q などが混同されやすいこと，空間や時間における方向・順序の混乱（左─右，上─下，昨日─明日）などを特徴としてあげた。これが現代におけるディスレキシア研究の

源流といえる（細川，2002）。

　ディスレキシアの有病率は，諸外国ではかなり高いとされ，米国などでは10%を超えるともいわれる。一方，わが国ではその十分の一以下ではないかと推定される（細川，未発表）。これほど異なる理由として考えられるのは，第1に，文字体系の違いがある。

　読むためには，文字や文字の連なり（綴字法）が話しことばの音を表わすことを知らなければならない。そこで，まず話された単語を要素（音素）に分解し，それから単語を構成する文字がこれらの音を表わす（あるいは対応する）のだということを認知しなければならない。そのような気づき（音韻意識；phonological awareness）は，ディスレキシアでは大きく損なわれている。ただし，アルファベットに比べて日本の仮名文字は音と一対一に対応し，混乱が起こりにくい。漢字になると読みは一段とむずかしくなるが，漢字は読めなくても意味を伝えられる性質があり，それが理解を促進する。

　音韻意識の障害は，他の非音韻的能力とは独立で，一般知能や推論，語彙，および文法など，理解に必要な高次の認知および言語機能は一般に損なわれない。高次の認知機能が保たれているのに音韻の分析には障害があるということは，読みに著しい困難を示すにもかかわらず，他の点では知的で才能豊かな人がいるという逆説的現象を説明するものである。

　音韻を符号化し，それをまた解読することの障害は，どのような指導法や本人の努力によっても大幅に改善することはなく，ディスレキシアの読み手の特徴であり続ける。このことは，ディスレキシアの人が特に興味をもつ専門分野において重要な単語を読むことに関しても熟達しないのだという意味ではない。しかし，ある専門分野における単語を解読できるとしても，あまりなじみのない単語を読むときは，あいかわらず流暢には読めないということになる。

　ディスレキシア児では，注意欠陥多動性障害を合併することが多いとされている。そうすると，学習態度そのものが損なわれるだけでなく，えり好みをして学習する傾向が強くなり，学業成績の凹凸が顕著となる。特に漢字練習や九九の練習では苦労するようである。それらを含めて，小学校低学年のうちに学業不振が現われ，学業に対する意欲を喪失するようになる。高学年以降になると二次的な心因反応として心身症をわずらうケースが増えてくる。また，不登

校などの学校不適応を起こしてくることも少なくない。ディスレキシアの文字に対する認知障害を改善しようとする試みよりも（それ自体かなりむずかしいこともあり），こういった二次的な不適応を予防することが現場では求められているようである（黄ら，2002）。ディスレキシア児はさまざまな長所や能力をもっているにもかかわらず，学校では読むことを避けたり嫌うので，仲間や親から能力全体が低く見られ劣等感を抱きやすいといわれる。本人も，自分がなぜ読めないのか困惑し不安が高じる。少なくとも，彼らの示す症状の中で，文字や数字の反転や語の形が歪むなど視覚認知上の問題，ことばがどのような音から成っているかわからないといった聴覚認知上の問題，文字と音の関係を学ぶことがむずかしいという感覚情報の統合が困難さ，綴りのときに文字の順番がごちゃ混ぜになったりする傾向などを精査し，本人のつまづきのおもな原因を確かめることが必要である。

　ディスレキシア児に対する学習指導としては，一般に次のような方法がとられる。まず，ドリルによる機械的な反復練習を避け，読字，書字，計算などが実際にどのような意味や目的をもつか，個別指導を取り入れて，少しずつわかるようにする。このために，彼らの興味や関心を惹き，そのときのレベルに合った読み物を教材に用いて，読むことは楽しいし価値あることだという雰囲気を感じさせる。また，日常生活の中で，実際的な目的で読んだり書いたりする機会をつくる。そうした中で，文字や単語をそれだけ取り出さずに，文脈の中で読むことや，音韻の知識と単語の組み立てを体系的に教えていく。読むスキルの獲得には励ましと賞賛を与えることも大事である。読む活動とともに，正しい綴り方を指でなぞるなどして教える。そして，以前に教えていったん覚えたはずのスキルでも定期的におさらいする。

3節　成人期の発達障害

　発達障害は大人になると自然に良くなるというものではない。注意欠陥多動性障害の場合，子どものときに見られた多動性がそのまま続くということはないが，それは形を変えて，たとえば不注意として持続する。おとなしそうに見える青年が，仕事をさせるとあちこち抜けていたり，でたらめさが目立ってし

まうことがある。まわりには，それは障害のためではなく，性格や態度の問題と映ってしまいがちである。アスペルガー症候群の場合，学校での成績のよさが障害をマスクしてしまい，大学までは進んだけれど社会に出るのはあいかわらず困難という状態が続くことが少なくない。学習障害の場合，特にそのほかの能力が高いケースでは，本人がまわりに障害を感じさせないような努力を続けて，何とか社会生活を送っているが，文字や記号が溢れる現代社会において，たとえば車の運転1つとっても，案内や標識をすべて暗記しなければならず，つねに不安が伴う。

こうした発達障害者の生活の実態は，じつはわが国ではいまだよく知られていない。ここでは，外国における統計的資料を中心に，成人期以降の発達障害の行方について述べる。ただし，それは彼らの運命などではなく，むしろ，これまでの実態を知ることにより，彼らの生活を改善するための手がかりになるものと考えたい。

▶ 1 自閉症スペクトラム障害

自閉症やアスペルガー症候群とせずにこの名称を用いるのは，Howlinら（2004）の近年の調査対象に合わせたためである。前にも述べたように，自閉症スペクトラム障害は広汎性発達障害と同じ意味である。Howlinらは21歳から48歳までの68名を子どものころから追跡調査し，次のような実態を明らかにした。

①対象者の過半数が良好とはいえない生活状態に置かれており，総合的に良好と判断されたのは2割程度にとどまった。②知的障害のない（IQ70以上）ケースほど生活状態は良い傾向があったが，しかし，良好と判断されたのはその中の約半数に過ぎなかった。③68名中3名が独立した生活を営んでいる一方で，他はすべて親や介護者の支援が欠かせない生活であった。④全体の1/3が何らかの職に就いていたが，報酬のある常勤職はさらにその1/3だけであった。⑤知的障害がないケースでも学業を続けることはむずかしく，8割近くは学校を中退していた。⑥大人になっても自閉症的行動（非常に限定され，反復的で，ステレオタイプな活動と興味）は残り，そのために多くの時間を費やすことが多く，そうした問題はないと答えた者は1割程度にとどまった。

自閉的行動に関しては，これまでは大人になるにつれしだいに改善する傾向があるという報告が多かったが，Howlin らの結果は，この障害が容易に改善しないことを改めて示した。

▶ 2　注意欠陥多動性障害

子どものころに ADHD の診断を受けた者のうち，1〜2 割程度は大人になってからは生活上の問題がほとんどなくなり，6 割程度は多かれ少なかれ ADHD のために社会的，学業的，あるいは情緒的問題を抱えており，残りは ADHD による困難さが続くだけでなく反社会的傾向を増しているという。また，子どものころに ADHD に加えて破壊的行動を合併していたかどうかにより，大人になってからの反社会的行動が予測できるという報告もある。しかし，まだまだデータの蓄積は足りず，特に男性に比べて女性の予後は現在でもほとんど知られていない（Goldstein & Schwebach, 2005）。

ここで注意すべきは，ADHD の一部にみられるこうしたネガティブな予後にもかかわらず，子どものときの状態から将来を決めつける，あるいは不安を与えることは避けなければならないということである。ADHD は親子を含むすべての対人関係において摩擦や軋轢を生じやすく，そのことが問題をさらに深刻にするという悪循環につながり，やがて修復しがたいものとなる危険性をはらんでいる。ADHD 児は自ら行動をコントロールすることがむずかしいのだから，厳しく叱ったり，約束を強要したり，「しつけ」をくり返すことは逆効果となる。たいへん困難な道であるが，問題を多く抱える場合（ハイリスク）こそ，障害の理解と根気のある持続的な支援が必要である。

▶ 3　学習障害

学習障害は学校教育においてのみ問題となるのではなく，社会に出てからも持続する障害である。本来は認知の障害なのだが，前に述べたように，二次的に派生する自尊心や生活満足度の低下が社会的不適応に導くことが知られている。では，そのことが精神医学的問題（たとえば，うつや薬物使用）に発展する可能性があるかというと，今のところ見解は分かれている。

学校を卒業するか中退するか，その後就労するかどうかなどについては，比

較的多くの研究があるが，おおまかに言えば結果は 1/2 か 1/3 くらいがネガティブといったところである。障害の程度や合併症の有無は，当然のことながら，修学や就労に大きな影響を与えうる。これに対して，特殊教育サービスを受けたかどうか，職業訓練を受けたかどうかなどは，個人差に比べて，結果を大きく左右するほどの変数とはなっていないようである。というのも，彼らの将来の生活にとって真に必要な，包括的な教育プログラムはいまだ定まっていないからである。

　エジソンやアインシュタインも学習障害だったというような個別の成功例はよくとりあげられるが，じつは，多くの学習障害者の生活実態はよくわかっていないのが現状である。

第8章 環境ホルモンと発達障害

　問題行動を示す子どもの割合は増加傾向にある。指導の困難や学級崩壊など，深刻な問題に発展するケースも少なくない。問題行動の原因の多くは脳の発達障害である。脳機能が正常に働かず，状況にあった行動を取ることができないと考えられる。では脳の発達障害を引き起こす原因は何であろうか。注目されているのが内分泌攪乱化学物質，いわゆる環境ホルモンである。この章では，環境ホルモンによる発達障害をめぐる知見と，動物実験による因果関係の実証的研究について紹介し，子どもを守るため私たちにできることを考えていく。

1節　発達障害の増加

　「人を殺してみたかった」。面識のない主婦を殺害した男子高校生は，犯行の動機をこのように述べた。思いもよらない供述に，衝撃を受けた人も多かったに違いない。彼は成績優秀で精神障害もみられなかった。学校や周囲の大人にとって，なにより家族にとって，青天の霹靂であったと思う。この少年はアスペルガー症候群（Asperger Symdrome）と診断された。

　アスペルガー症候群は，オーストリアの小児科医ハンス・アスペルガーに由来する子どもの自閉性精神疾患である。共感や思いやり，コミュニケーション能力の欠如を特徴とする。このため対人関係を構築するのが困難となり，集団生活にうまく適応していくことができない。しかし知能や言語能力には問題のない場合が多く，高機能自閉症とよばれることもある。発達障害にはこの他に，読む，書く，計算するといった特定の学習能力に障害がみられる学習障害

123

表8-1 主な発達障害とその特徴

発達障害	特徴
アスペルガー症候群	友達と興味や感情を共有したり，人間関係を発展させることができない。社会的状況で，視線，表情，身振りなどを適切に用いることができない。興味のパターンが固定的・限定的で，通常の度を超して熱心である。言語発達や認知的発達には遅れがない。
学習障害（LD）	読む，書く，聞く，話す，計算する，推理するといった特定の学習能力に障害がある。知的発達には遅れがない。
注意欠陥多動性障害（ADHD）	座っていなければならないのに，じっとしていない。席を離れて歩き回ったり，走り回ったりする（多動性）。自分の順番を待つことができない。相手が話し終わるまで，待つことができない（衝動性）。勉強中・仕事中に，注意を持続することができない。他の刺激によって注意をそらされてしまう（注意障害）。

（Learning Disability; LD），授業中じっと席に座っていられない（多動性），自分の順番を待つことができない（衝動性），相手の話に注意を集中することができない（注意障害）を特徴とする注意欠陥多動性障害（Attention Deficit/Hyperactivity Disorder; ADHD）などがある（表8-1）。

問題行動を示す子どもの数は年々増加傾向にある。2002年の文部科学省の調査では，全児童の6.3％に達すると報告されている。これら発達障害とされる問題行動の原因の多くは親の育て方やしつけにあるのではなく，脳の発達障害にあると考えられている。ではいったいなぜ，脳の発達障害が起こるのだろうか。脳の発達障害を引き起こす原因－問題行動を引き起こす真の原因－は，何なのだろうか。

2節　子どもを襲う化学物質

1950年代，熊本県水俣地方に運動失調や感覚障害，言語障害を訴える住民が現われた。最初は奇病とされたが，水俣湾で獲れた魚を食べていた猫にも，同様の運動失調―酒に酔ったように千鳥足で歩く―が発症した。当時，水俣市では新日本窒素肥料水俣工場が稼動しており，猛毒のメチル水銀を海洋投棄していたのである。このメチル水銀が水俣湾の魚介類に蓄積し，それを食べた住

民がメチル水銀中毒を発症したのである。特に被害者が妊婦の場合，体内に蓄積したメチル水銀は胎盤を介して胎児を侵し，生まれながらにして身体麻痺や知的障害をもった胎児性水俣病を生むことになった。

1960年代，北九州一帯でニキビ状の吹き出物ができる，歯が抜け落ちる，爪が黒ずむ，手足が痺れるといった症状を訴える患者が見つかった。その後の調査で，患者はカネミ倉庫が製造した食用油を食べていたことが判明した。この食用油に，製造工程で熱媒体として使用されていたポリ塩化ビフェニール（Polychrolinated Biphenyl; PCB）が混入していたのである。直接の原因は，PCBが熱変成して生成されたポリ塩化ジベンゾフラン（Polychrolinated Dibenzofulan; PCDF）であることが判明した。PCDFはPCBより猛毒で，ダイオキシン類（Dioxins）に分類されている。患者はカネミ油症，あるいは油症とよばれている。

悲惨なのは妊婦である。化学物質は母体から胎盤を経由し，あるいは母乳を介して幼い命に吸収された。油症の被害者から生まれた子どもは皮膚が黒ずみ，"黒い赤ちゃん"とよばれた。知的な障害も見つかった（Harada, 1976）。同様の油症は台湾でも発生し（台湾油症），子どもに知能検査WISC-Rを実施したところ，健常者と比較してIQが4～5ポイントも低かった（Chen & Hsu, 1994）。

アメリカでは，五大湖の1つミシガン湖の魚を食べていた女性の子どもが調査を受けた。子どもには短期記憶や注意の障害がみられ，IQも健常者より低かった（Jacobson & Jacobson, 1996）。この傾向は学童期を通して持続し，かなり長期にわたって回復しないことも示された。子どもの母親が食べていた魚は，PCBをはじめさまざまな化学物質によって汚染されていた。いうまでもなく，母親の血液もPCBによって汚染されていたのである（Schwartz et al., 1983）

化学物質の恐ろしさで世界中を震撼させたのが，猛毒ダイオキシンである。ベトナム戦争中，アメリカ軍が散布した枯れ葉剤の中にダイオキシンが混入していたのである。枯れ葉剤を浴びた母親には早産・流産の発生が多く，生まれてきた子どもには脳性麻痺，知的障害，口蓋裂や兎唇，四肢の異常などの先天異常がみられた。下半身がつながった結合双生児"ベトちゃんとドクちゃん"

のケースは,あまりにも有名である。のちに分離手術が施され,長じて弟のドクちゃんは結婚し病院事務員として働いている。しかし兄のベトちゃんは,2007年10月,本原稿の執筆中に他界した。

化学物質による子どもの人体汚染が進行中である。監察医であった吉村(1993)は,新生児の臓器から本来あるはずのない有害化学物質(PCBやメチ

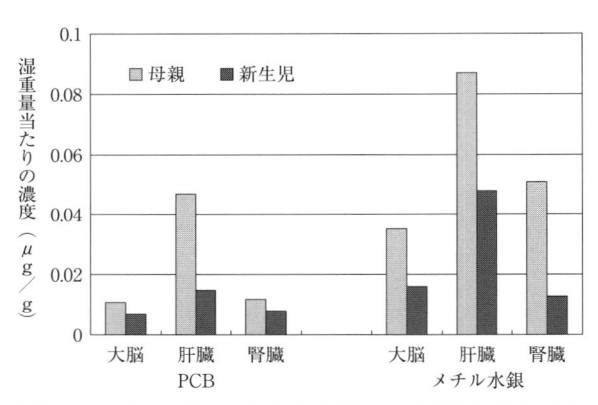

図8-1 母親と新生児におけるPCBおよびメチル水銀の濃度
(吉村,1993より改変)

表8-2 出産回数と血液中ダイオキシン類濃度
(環境省環境保健部環境安全課環境リスク評価室,2007)

	出産回数 0回	出産回数 1回	出産回数 2回	出産回数 3回以上
対象者数(人)	188	54	288	216
平均年齢(歳)	29.6	43.0	50.8	49.3
血液中ダイオキシン類濃度[注1] (pg-TEQ/g-fat [注2])				
平均値	25	21	20	19
標準偏差	12	9.0	10	9.1
中央値	23	20	18	17
範 囲	3.8〜70	6.0〜45	2.6〜97	1.6〜48

注1 年齢調整後の血液中ダイオキシン類濃度
注2 pg-TEQ/g-fat:体脂肪1gに含まれるダイオキシン類の量を,2,3,7,8-テトラクロロジベンゾ-パラ-ダイオキシン(2,3,7,8-tetrachlorodibenzo-para-dioxin:2,3,7,8-TCDD)の毒性に換算した値。ダイオキシン類は化学構造の違いにより毒性が異なるため,もっとも毒性が強い2,3,7,8-TCDDに換算する。TEQは毒性等量(Toxic Equivalents)。

表8-3 授乳形態と血液中ダイオキシン類濃度
(環境省環境保健部環境安全課環境リスク評価室, 2007)

	母乳哺育 (n=217)	混合乳哺育 (n=261)	人口乳哺育 (n=80)
対象者数(人)	217	261	80
平均年齢(歳)	48.5	49.2	53.1
血液中ダイオキシン類濃度[注] (pg-TEQ/g-fat)			
平均値	18	21	24
標準偏差	11	9.0	9.9
中央値	16	20	23
範囲	1.6～100	3.4～57	6.8～50

注：年齢調整後の血液中ダイオキシン類濃度

ル水銀など)を検出した(図8-1)。環境省環境保健部環境安全課環境リスク評価室(2007)が実施したダイオキシン類の調査では，出産回数が増えるにしたがって体内蓄積量が低下した(表8-2)。また人工乳より母乳で育児を行なった母親ほど，ダイオキシン類の量が低かった(表8-3)。女性の体内に蓄積したダイオキシン類は，出産や授乳を通して排出される。行きつく先は，子どもである。

3節　環境ホルモンの出現

アメリカで，背筋が凍るような警告書が出版された。「そのうち，突然死ぬ人も出てきた。何が原因か，わからない。大人だけではない。子どもも死んだ。元気よく遊んでいると思った子どもが急に気分が悪くなり，二，三時間後にはもう冷たくなっていた」。これは化学物質の危険性を指摘した『Silent Spring(邦訳：沈黙の春)』(Carson, 1962)の一節である。自然に恵まれた豊かな町に，"白いそれ"は雪のように降り注いだ。その日から，鳥の鳴き声は聞こえず，川から魚影が消えていった。花が咲いても昆虫は見あたらず，春になっても自然は沈黙したままだった。この本が出版された当時は，このようなことが起ころうとは思いもよらなかった。それから30年，さらに私たちを驚愕させたのが『Our Stolen Future(邦訳：奪われし未来)』(Colborn et al.,

1996)である。ある種の化学物質，それは生物のホルモンときわめて類似した化学構造をもち，体内に取り込まれると本物のホルモンと同様の作用を引き起こす。内分泌攪乱化学物質，いわゆる環境ホルモンとよばれる化学物質の脅威が指摘されたのである。

その脅威は"メス化"とよばれ，本来メスの魚にしかみられないはずのビテロジェニン（vitellogenin）[1]が，オスのメダカやコイから検出されたのである。またタニシの一種である巻貝イボニシでは，メスにもかかわらずオスの生殖器が形成され，性転換が起こっていた（これは"オス化"とよべるだろう）。このように，一部の化学物質は生体内のホルモンと同様の作用をもち，性の発達や生殖とって重大な脅威となるのである。しかし環境ホルモンの影響は，性ホルモンに限られたものではない。正常な脳の発達にとって欠かせないホルモン，甲状腺ホルモンさえ攪乱するのである。

甲状腺ホルモンは脳の発達・分化を調節する。したがって，脳の発達期に甲状腺ホルモンが攪乱されると脳の発達が阻害される（Porterfield, 2000）。脳の発達が阻害されれば，先に指摘した問題行動が生じることは容易に推測できる。いや，もはや推測ではない。事実として目の前に突きつけられているのだ。

4節　環境ホルモンによる発達障害―動物実験が語るもの―

カネミ油症やミシガン湖の研究は，PCBを摂取した子どもにどのような発達障害が起こるのか，追跡調査を行なったものである。発達障害が発見された場合，問題となるのは原因が何かという点である。なぜならPCB以外にも，さまざまな要因が脳の発達に影響を与えているためである。たとえば母親の生活習慣が考えられる。妊娠中，喫煙したかどうか，アルコールを飲んでいたかどうか，食事をきちんと取っていたかどうか。親に遺伝的な問題はなかったか，親の知能や学歴はどうであったか。家庭の経済状況は，教育に対する関心度は，…。数えあげればきりがない。原因がPCBであることを証明するには，これらの要因にまったく差がなく，しかも母親がPCBを摂取したことがない子どもの集団を対照群として比較する必要がある。対照群には発達障害がみら

れず，母親が PCB を摂取した子どもの群にのみ発達障害がみられるのなら，それは PCB に起因すると考えることができる。これは疫学（epidemiology）とよばれている研究方法である。しかし母親が PCB を摂取しなかった点を除いてまったく同じ条件の対照群を見つけるのは，きわめて困難である。しかもその規模は数千人から 1 万人以上に及ぶ。さらに疫学で証明できるのは相関関係である。"血中の PCB 濃度が高い母親から生まれた子どもほど，発達障害の発生率が高い" という相関関係を示すことはできても，"PCB が原因で発達障害が起こる" という因果関係を証明することはできない。因果関係を証明するには，実験を行なう必要がある。

もっとも基本的な実験計画では，被験体を無作為に 2 群に分ける。一方の群には原因と考えられる化学物質（この場合は PCB）を投与し，もう一方の群には何も投与しない。それ以外の条件はまったく同じにするのである。そして 2 つの群を比較する。もし両群の間に違いが生じたのなら，その違いは PCB によって生じたと考えられる。すなわち "PCB が原因である" と結論することができるのである。もちろんこのような実験を人間に実施することは不可能であるから，動物実験に頼らざるを得ない。そしてその動物実験が，PCB による発達障害を実証したのである。

▶ 1　PCB 投与による多動性

Hany ら（1999）は妊娠ラットに PCB77，PCB44，または PCB77 と PCB44 の混合物のいずれかを皮下投与した（PCB は，結合する塩素の数や結合する位置によって 200 種以上の異性体が存在し，それぞれ毒性が異なる）。これらの親ラットから生まれた仔ラットを育て，生後 80 日目と 340 日目にオープン・フィールド★2 を使って移動量を測定した。生後 80 日目では，PCB 投与群と対照群の移動量に差はみられなかった。しかし生後 340 日目になると，PCB 投与群の移動量は統制群を倍以上も上まわり，多動が観察された（図 8 – 2）。多動は PCB77 で顕著にみられた。興味深いのは，PCB77 と PCB47 の混合群である。この群の移動量は PCB77 単独投与群より減少し，PCB47 単独投与群と同程度であった。複数の化学物質を同時投与すると，毒性が増強したり（相乗作用）弱まったりする（相殺作用）。このケースでは，PCB77 の毒性が相殺

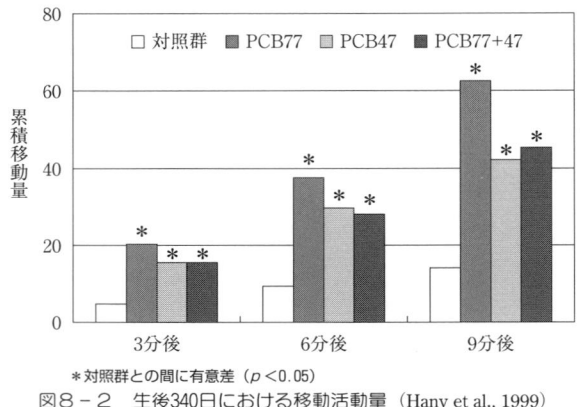

第3部　成長と学びの問題を解決するために

累積移動量

□ 対照群　■ PCB77　□ PCB47　■ PCB77+47

＊対照群との間に有意差（$p<0.05$）
図8−2　生後340日における移動活動量（Hany et al., 1999）

されたと考えられる。

▶ 2　PCBまたはSt.ローレンス川の魚を摂取したラットの衝動性

Bergerら（2001）はPCB入りのエサ，またはSt.ローレンス川で捕獲された魚を，30日間ラットに与えた。St.ローレンス川の魚はPCBによって汚染されていた。このラットを，オペラント条件づけのFixed Interval（FI）120秒スケジュールで訓練した。FI120秒は，直前の報酬獲得から120秒経過したのちの最初の反応に対して，新たな報酬を提示するスケジュールである（第4章1節参照）。120秒経過するまでは，いくら反応しても報酬は提示されない。FIスケジュールで訓練すると，ラットは120秒が近づくにしたがってしだいに反応率を増大させる。この現象はFIスキャラップとよばれている。ところがPCB入りのエサやSt.ローレンス川の魚を食べたラットは，加速度的に反応率を増大させ対照群以上の反応数を示した（図8−3）。また0.5秒以下の時間間隔で反応を連発した（バースト反応）。これは報酬提示まで我慢できないという衝動性の現われと考えられる。

▶ 3　PCB投与による記憶障害

Coreyら（1996）は妊娠中から離乳期まで，親ラットにPCBを投与した。離乳した仔ラットにも，生後60日目までPCBを投与した。この仔ラットに，

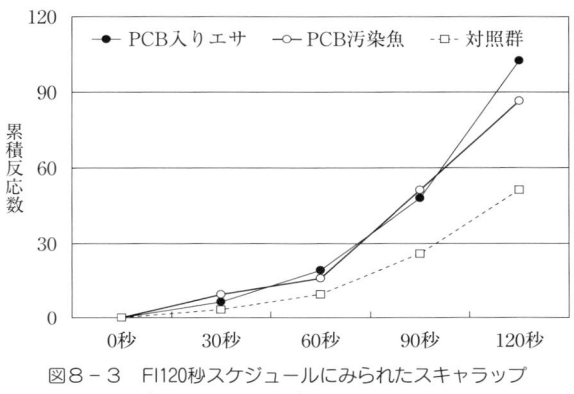

図8-3 FI120秒スケジュールにみられたスキャラップ
(Berger et al., 2001)

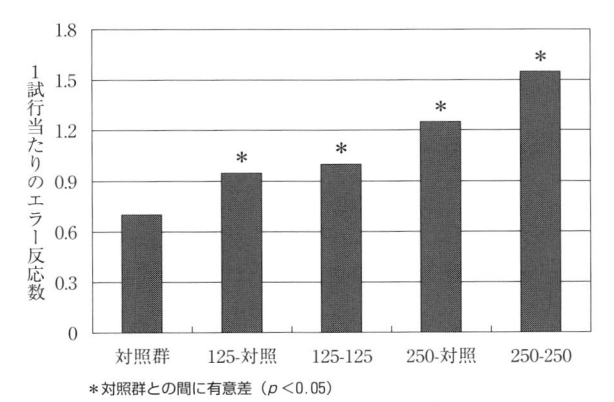

＊対照群との間に有意差（$p<0.05$）
図8-4 放射状迷路課題におけるエラー数（Corey et al., 1996）

対照群　　：母ラット・仔ラットともに通常のエサで飼育
125―対照：母ラットにPCBを125ppm投与，仔ラットは通常のエサで飼育
125―125：母ラット・仔ラットともにPCBを125ppm投与
250―対照：母ラットにPCBを250ppm投与，仔ラットは通常のエサで飼育
250―250：母ラット・仔ラットともにPCBを250ppm投与

放射状迷路でワーキング・メモリーのテストを行なった。放射状迷路は中央のプラットフォームから8本の直線走路が延び，それぞれの先端に報酬が置いてある。正常なラットは8本の走路にランダムな順序で入って報酬を食べ，しかも1度入った走路には2度と入らない。これは周囲の家具の配置を手がかりに空間的な位置関係を学習し，報酬を食べてしまった走路の位置を記憶するためである。ところがPCBを投与した仔ラットは，報酬を食べてしまった

走路にくり返し入るようになった。このエラーは摂取した PCB 濃度が高いほど，また長期間 PCB を摂取した群ほど増大したのである（図8 - 4）。

5節　甲状腺ホルモン阻害と発達障害

甲状腺ホルモンは，神経の発達に欠かせない生体ホルモンである。したがって脳神経系が発達する妊娠後期に甲状腺ホルモンが阻害されると，脳機能の発達に深刻な影響が現われると予想される。甲状腺ホルモンを攪乱する PCB やダイオキシンは，胎児にとってきわめて危険な化学物質といえる。現在のところ，環境ホルモンによって甲状腺ホルモンが攪乱され，脳神経系の発達が阻害されて脳機能に障害が起こると考えられている。このような子どもが学童期に達して勉学や集団生活を始めた際に，脳機能の障害が発達障害という形で顕在化すると思われる。私たちは，脳神経系発達期における甲状腺ホルモンの攪乱が発達障害を引き起こすとの仮説に基づき，甲状腺ホルモンを阻害された実験動物に多動性，衝動性，注意障害がみられるかを検証した。

▶ 1　方法

甲状腺ホルモン阻害剤メチマゾール（methimazole）を飲料水に混入し，妊娠ラットに投与した。投与期間は妊娠 15 日目から，出産後 21 日目までである。妊娠中，胎児は胎盤経由でメチマゾールの影響を受け，出生後は母乳を介してメチマゾールの影響を受けた。メチマゾールの濃度は 0.002％（低濃度）と 0.02％（高濃度）である。仔ラットは出産後 21 日目に離乳させ，以降は通常の固形飼料を与え自由摂食条件で飼育した。

▶ 2　結果

(1) 血中甲状腺ホルモン量

表 8 - 4 は，生後 28 日目の血中甲状腺ホルモン量を示したものである。オスの高濃度群は対照群の 15.5％に，メスの高濃度群は対照群の 42.4％に激減した。性差もみられた。

表8-4 生後28日目の血中甲状腺ホルモン量（岸, 2003b）

	T4 量（ng/ml）	対照群比（%）	
対照群♂	80.8		
高濃度群♂	12.5	15.5	$p<0.001$（vs 対照群）
対照群♀	37.5		
高濃度群♀	15.9	42.4	$p<0.001$（vs 対照群）

(2) 体重

表8-5は，自由摂食条件で飼育した生後84日目の体重を示したものである。オスの高濃度群は体重が抑制されていた。しかしメスの高濃度群には，体重減少が観察されなかった。オスの血中甲状腺ホルモン阻害率は，メスと比較してはるかに高い。甲状腺ホルモンは成長にも影響するため，甲状腺ホルモン阻害率の性差が体重に反映されたと考えられる。

表8-5 生後84日目の体重（Wada, 2006）

	体重（g）	対照群比（%）	
対照群♂	293		
低濃度群♂	295	100.7	
高濃度群♂	257	87.7	$p<0.05$（vs 対照群・低濃度群）
対照群♀	170		
低濃度群♀	166	97.6	
高濃度群♀	161	94.7	

(3) 活動性

オープン・フィールドを用いて，移動量を測定した。照明灯を1日12時間点灯（明期）・12時間消灯（暗期）し，人工的な明暗サイクル条件下で10日間，ラットの移動量を測定した。長期間の測定に備えて，オープン・フィールド内にエサと給水ビンを取りつけた（図8-5）。図8-6は，後半7〜10日目のオスの移動量を示したものである。対照群は明期に移動量が減少し暗期に移動量が増大する，典型的な明暗リズムを示した。これはラットなどの齧歯類が，夜行性のためである。ところが高濃度群には，明期に移動量が増大し暗期に移動量が減少するという反転現象が観察された。しかも移動量のスケールに

図8-5　オープン・フィールド
縦・横45cm×高さ30cmの正方形のオープン・フィールド。この装置は格子状に張りめぐらされた赤外線により，移動量や立ち上がり回数を測定できる。

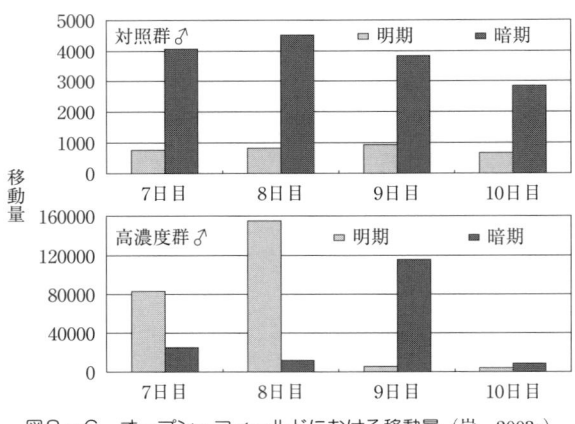

図8-6　オープン・フィールドにおける移動量（岸，2003a）

注目してほしい。対照群は最大でも4,500カウント程度である。しかし高濃度群は160,000カウント近くに達し，実に35倍もの移動量を示したのである。このことから，甲状腺ホルモン阻害によって多動が生じ，活動性の明暗リズムが崩壊すると考えられる。

(4) 衝動性

"衝動買い"や"衝動食い"ということばからわかるように，衝動性とは行

動を抑えたり我慢したりできないことを指す。このような行動を実験動物で測定するため，オペラント条件づけの Differential Reinforcement of Long Latency（DRLL）20秒スケジュールを用いた。DRLL20秒では，ライトが点灯してから20秒以上経過してレバーを押すと，報酬が与えられた。つまり20秒以上レバー押し反応を我慢するよう，ラットに求めたわけである。20秒経過したかどうかを示す手がかりはなく，ラットが自分で判断しなければならない。もし衝動性が高まっていたなら，レバー押し反応を我慢できず20秒経過する以前に反応すると予想された。最初のころは，ライトが点灯するとラットは即座にレバーを押し，報酬を獲得することができなかった。しかし訓練を続けると20秒以上待てるようになり，ほぼ正確に20〜24秒で反応するようになった（図8-7）。

このグラフから，甲状腺ホルモン阻害群も20秒以上反応を我慢できることがわかった。ところが20秒我慢し報酬をもらったのちに何が起こったか？高濃度群は，衝動性の兆候として知られるバースト反応（0.5秒以下のごく短い間隔で反応する現象）の発生頻度が上昇したのである（図8-8）。20秒待って反応したのに故意に報酬を与えなかった場合にも（この手続きは消去とよばれる），バースト反応は上昇した。したがって，報酬の有無はバースト反応を引き起こす直接原因ではないということがわかる。一方，20秒待たずに

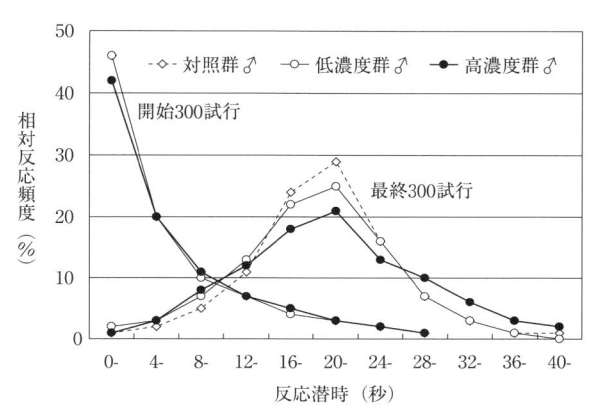

図8-7　DRLL20秒におけるオスラットの反応潜時分布
（和田ら，2005）

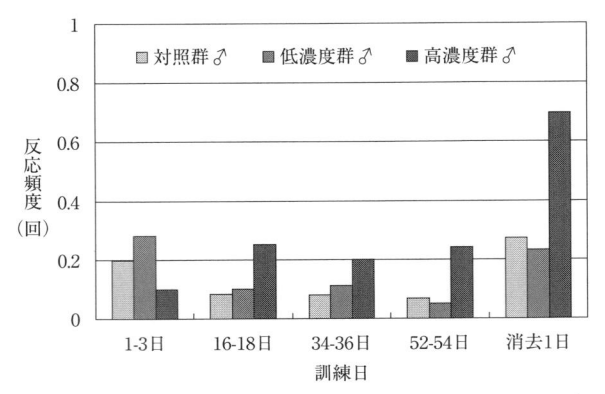

第3部　成長と学びの問題を解決するために

図8-8　DRLL20秒で20秒待った後のオスラットのバースト反応
（Wade et al., 2008）

反応したあとではバースト反応に変化はなかった。このことから，"20秒以上我慢する"ということが原因であると推察できる。我慢させるということが反応の引き金になる，つまり衝動性を引き出すことになると考えられる。メスラットにはこのような行動変化はみられなかった。

(5) 注意

ADHDの子どもにみられる特徴的な行動の1つは，先生の話をじっと聞くことができないということである。これは注意障害とよばれている。アメリカでは，PCBに汚染されたミシガン湖の魚を食べていた女性から生まれた子どもに，注意障害がみられるという調査結果も報告されている（Jacobson & Jacobson, 1996）。注意障害のため，学業成績にも影響が出ると考えられる。

注意能力は高度な認知機能である。人間であれば比較的簡単に測定できるが，ことばが通じない動物では工夫が必要になる。そこで私たちは，ターゲット（ライト）が点灯したのち，ラットがレバー押し反応をすると（ヒット反応），報酬を獲得できるというターゲット検出課題を行なった。ターゲットが点灯している時間を16秒，8秒，4秒と制限し，その間に反応するよう訓練した。したがってターゲットの点灯を見逃し反応が遅れると（ミス反応），報酬を獲得できなくなる。さらにいつターゲットが点灯するか予測できないよう，点灯のタイミングを4通り設けてランダムに変化させた。

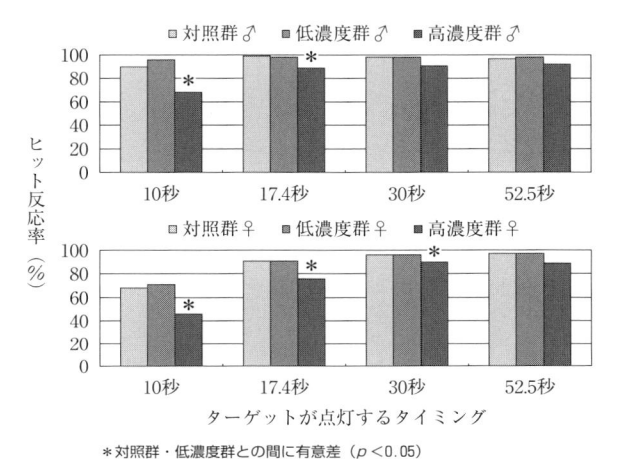

図8－9 ターゲット検出課題におけるヒット反応率（Wada, 2006）
＊対照群・低濃度群との間に有意差（$p<0.05$）
ターゲット提示時間は4秒

　実験の結果，甲状腺ホルモン阻害群はターゲット点灯のタイミングが早いほど（直前の試行が終了してから次の試行が開始するまでの時間間隔が短いほど），ヒット反応が減少した。ヒット反応の減少は，ターゲットの点灯時間が短いほど（ターゲット点灯後すぐに反応する必要がある）顕著であった。ターゲットの点灯時間が長い場合や，ターゲット点灯のタイミングが遅い場合には，影響はなかった（図8－9）。
　ターゲット点灯のタイミングが早く，さらにターゲットの点灯時間も短い場合には，新たなターゲットに注意を切り替えすばやく反応することが求められる。このようなケースでヒット反応が減少したことから，甲状腺ホルモン阻害群は新たなターゲットに注意を転換することが困難になっていたと考えられる。一方，ターゲット点灯のタイミングが遅い場合，ターゲットの点灯に備えて持続的に注意を向ける必要がある。持続的注意には影響がなかったと考えられる。興味深かったのは，オスよりメスにヒット反応の減少がみられたことである。ADHDの子どもの性比は，3：1～8：1と男児に多い（James & Taylor, 1990）。しかし注意障害に限ってみれば，女児に多いという指摘もある。私たちの実験結果は，この指摘をサポートするものである。

第3部 成長と学びの問題を解決するために

6節　子どものこころを育むために

　環境ホルモンの襲撃に対して子どもは無防備である。子どもを守るためにどうしたらよいのであろうか。政府や企業に働きかけることはもちろん必要である。しかしこの本を手にする多くの読者が知りたいのは，自分に何ができるか，どうしたらわが子を環境ホルモンから守れるかであろう。先の図8－1，表8－2，8－3に示したように，環境ホルモンは胎盤や母乳を介して子どもを襲う。そして母体の環境ホルモンのほとんどは，食物を通して体内に入り込む。わが子を環境ホルモンから守るには，まず自分が口にしている食物に関心をもつことである。

　厚生労働省（2003）は，『水銀を含有する魚介類等の摂食に関する注意事項』と題する検討結果を公表し，ホームページにアップロードした。日本人が魚を常食することからおもな魚介類に含まれる水銀量を調査し，妊娠中の女性および妊娠の可能性のある女性に注意を喚起した。新聞やテレビのニュースで耳にした人も多いと思う。表8－6は，ホームページに掲載された水銀濃度の高い魚介類の一覧である。また表8－7，表8－8は，ダイオキシン・環境ホルモン対策国民会議（2007）に掲載された消費量の多い沿岸・近海魚，および遠洋・輸入魚のダイオキシン類濃度を示したものである。

　このような情報が食生活を考える手助けとなる。その際，人間が生涯70年にわたって摂取しても，健康に影響がないと考えられる化学物質の摂取量（耐容摂取量）が参考になる。暫定的ではあるが，メチル水銀の1週間あたりの耐容摂取量（Provisional Tolerable Weekly Intake; PTWI）は，体重1kgあたり $3.4\mu g$ である。またダイオキシンの1日あたり耐容摂取量（Tolerable Daily Intake; TDI）は，体重1kgあたり4pgTEQである。メチル水銀に関していえば，クロマグロに含まれるメチル水銀濃度は平均0.81ppmであるから（表8－6），体重1kgにつき毎週4.2g以下（体重50kgの人なら毎週210g以下）なら，生涯クロマグロを食べ続けても健康に問題はないということになる。同様に，ダイオキシン類のクロマグロ平均濃度を8.74pgTEQ/gとすると（表8－8），体重1kgにつき1日0.46g以下（体重50kgの人なら1日23g以下）なら，健康

第8章　環境ホルモンと発達障害

表8-6　水銀濃度が高い魚介類等（厚生労働省，2003）

魚　種	検体数	メチル水銀濃度 (ppm)	
クロカジキ	5	0.44	**
メカジキ	10	0.71	**
キンメダイ	13	0.58	
サメ	331	0.98	*
ユメカサゴ	50	0.33	
インドマグロ	8	1.08	
クロマグロ	19	0.81	
メバチマグロ	16	0.74	
センネンダイ	10	0.60	*
ツチクジラ	5	0.70	
バンドウイルカ	5	6.60	
イシイルカ	4	0.37	
コビレゴンドウ	4	1.50	
ミンククジラ	40	0.12	
ニタリクジラ	43	0.03	
マッコウクジラ	5	0.70	

注）：＊　総水銀の値
　　＊＊カジキとして，598検体，総水銀1.00ppmという報告あり．

表8-7　消費量の多い沿岸・近海魚のダイオキシン類濃度（pgTEG/g）
（ダイオキシン・環境ホルモン対策国民会議，2007）

魚種名	N	1999—2005 平均	N	1999—2002 平均	N	2003—2005 平均	濃度範囲
シロザケ	16	0.12	8	0.11	8	0.12	0.08—0.17
ギンザケ（養殖）					3	1.37	0.90—2.25
サンマ	19	0.24	5	0.35	14	0.21	0.13—1.04
ブリ（養殖を含む）	25	2.01	10	2.28	15	1.83	0.24—4.04
ブリ（天然のみ）	10	1.29	3	0.74	7	1.53	0.24—3.70
マアジ	18	0.55	5	0.38	13	0.61	0.22—1.47
マサバ	18	1.39	5	0.86	13	1.59	0.24—2.59
アカガレイ	6	2.81	2	1.17	4	3.68	0.88—6.55
マガレイ	6	0.53	1	0.38	5	0.56	0.36—0.72
マコガレイ					7	0.76	0.63—1.13
カツオ	19	0.28	7	0.09	18	0.34	0.01—0.79
マイワシ	12	1.12	6	1.44	6	0.80	0.08—2.34
マダイ	17	0.64	6	0.41	11	0.77	0.13—2.05
マダイ（天然のみ）	5	0.76	2	0.33	3	1.04	0.13—2.05

N：検体数

表8-8 消費量の多い遠洋・輸入魚のダイオキシン類濃度（pqTEG/g）
（ダイオキシン・環境ホルモン対策国民会議，2007）

魚種名	N	1999—2005 平均	濃度範囲	備　考
サバ	15	0.96	0.55-1.27	北大西洋
キンザケ（養殖）	7	0.47	0.17-1.11	チリ南部沿岸
ベニザケ	6	0.27	0.22-0.29	北太平洋
タイセイヨウサケ（養殖）	6	2.14	1.30-2.07	北東大西洋
クロマグロ（養殖を含む）	17	8.74	1.38-21.29	養殖は地中海
ミナミマグロ（養殖を含む）	15	1.14	0.12-2.57	養殖は南インド洋
ビンナガマグロ	17	0.42	0.01-1.02	
メバチマグロ	28	0.10	0.01-0.42	
キハダマグロ	26	0.05	0.00-0.08	

N：検体数

に問題はないということである。ただしこれらの摂取量は，他の魚介類を食べないという前提で計算したものである。また耐容摂取量は現在の研究知見に基づいて設定された値であるから，今後の研究結果によっては見直される可能性がある。環境汚染が進めば，魚介類の化学物質濃度が上昇することも考えられる。したがってこれらの情報を絶対視するのではなく，最新の研究知見に基づいた情報につねに注意する必要がある。

　日本人にとって魚介類は重要なたんぱく源である。ドコサヘキサエン酸やエイコサペンタエン酸など，不飽和脂肪酸も多く含まれている。また母乳は乳児にとって理想的な食物であり，免疫力を高めるなど貴重な効果がある。健康な子どもを育てるために，魚介類や母乳は必須の食物である。環境ホルモンをむやみに恐れて，魚介類の摂取を控えたり母乳による育児を避けたりする必要はまったくない。どのような魚が危険であり，どのような食べ方をすれば良いのかを知る。バランスのとれた判断力と行動力が，わが子を育む智恵である。

★1：繁殖期のメスの魚に存在するタンパク質。オスにはほとんどない。しかし女性ホルモンと同様の作用をもつ化学物質（環境ホルモン）に曝されると，オスでもビテロジェニンが形成される。

★2：まわりが壁で囲まれた四角形または円形の実験装置。動物の移動量，立ち上がり回数，脱糞数などを一定時間にわたって測定し，活動性や情動性を調べる（図8-5参照）。

第9章 発達障害児のペアレント・トレーニング

　発達に障害のある子どもたちを育むことは，そうでない子どもの場合よりもむずかしいと一般に考えられている。それは，基本的生活習慣を親の意図を読みとりながら見よう見まねで覚えていくことがむずかしいことや，パニックなどの困った行動を身につけていることによるところが大きい。しかも望ましい行動が身に付かないことや困った行動が頻発することによって，親が疲弊し，親子関係がうまくいかなくなることもある。この章では，発達障害児への対応の1つとして考案されたペアレント・トレーニングを，事例を交えながら紹介していく。なお，この章をよりよく理解するには，第4章の理解が助けとなるであろう。

1節　ペアレント・トレーニングとは

　ペアレント・トレーニング（親訓練）とは，さまざまな障害をもつ子どもの親が，行動療法の理論を系統的に学び，それをもとに子どもへの実践をしてもらうことによって，親が自分の子どもの治療者となるべく体系化されたプログラムである。このプログラムの大きな特徴は子どもがトレーニングを受けるのではなく，親が受けるところにある。もともと，障害児の療育においては専門家が子どもに対して直接訓練を行なうという形式が多かった。しかし，この方法では，治療を行なっている間は問題行動が軽減し，生活スキルも獲得されていても，治療期間が終わると子どもはまた元の状態に戻ってしまうことが少なくなかった。これは，親が治療の方法を知らないことが原因であり，せっかく身に付いた行動を維持，改善させていく術を親がもっていなかったのである。そこで，親に対して，子どもの行動を変えていくのに必要なスキルを学んでも

らい，共同治療者になってもらおうとしたのがペアレント・トレーニングである。

　ペアレント・トレーニングは1960年代にアメリカを中心に，行動療法の発展型として始まった。精神遅滞，自閉症，注意欠陥多動性障害などの発達障害児をはじめ，その後，さまざまな対象に適用され，その効果の評価も行なわれてきて，現在では方法論をもつ確立した治療法の1つと考えられるようになってきている。

　わが国では国立肥前療養所（現　独立行政法人国立病院機構肥前精神医療センター）で1991年より「肥前方式親訓練」（Hizen Parenting Skills Training; HPST）としてペアレント・トレーニングが実施され，先駆的な役割をはたしてきた（免田ら，1995，山上，1998）。このメンバーだった福田恭介教授が，福岡県立大学で肥前方式をモデルにプログラムを実施し，その効果を報告してきた（福田・中藤，2000，福田ら，2005）。筆者はそれにスタッフとして参加してきたので，ここでは，福岡県立大学での「田川方式親訓練プログラム」（Tagawa Parenting Skills Training; TPST）に基づいてプログラムの紹介をし，事例については，筆者がその後，びわこ子ども発達センターで常勤の臨床心理士とともに行なった同様のプログラムの事例も併せて紹介する。

2節　ペアレント・トレーニングの実際

▶1　プログラムの概要

　プログラムは3組の親子（実際に参加するのは，ほとんどの回において親だけ）に週1回行なわれ，図9−1のようなスケジュールで行なわれる。なお，福岡県立大学でのプログラムでは，教員3名の他に有志学生（学部，大学院）もスタッフとして参加した。

　1回のセッションの構成は，基本的に前半はスタッフによる講義を親が受ける。後半は各親が決めた目標行動の経過と対応について，親が宿題としてやってきた行動の観察記録をもとに話し合うのだが，まずは各親個別に担当スタッフとともに検討し，その後，もう一度集まって全体でその日の話し合いをもち

回	10:00～10:45		11:00～11:45	11:45～12:00
事前面接	子どもに関する調査（生育歴，診断治療歴，家族状況など）		親への面接（主訴，今後の予定）承諾書への署名 調査用紙記入もれのチェック	
1回目	親訓練の考え方（講義）自己紹介	コーヒータイム	3グループに分かれて個別討議 目標行動（スキル，問題行動）の設定 ビデオ撮影用に準備してもらうものの点検	
2回目	実例紹介（講義）	コーヒータイム	個別討議 個人の目標行動ビデオ撮影（訓練前の様子）	
3回目	観察と記録の仕方（講義）	コーヒータイム	個別討議	全体討議
4回目	困った行動を減らすには（講義）	コーヒータイム	個別討議	全体討議
5回目	望ましい行動を増やすには（講義）	コーヒータイム	個別討議	全体討議
6回目	できないときの手助けの仕方（講義）	コーヒータイム	個別討議	全体討議
7回目	環境の整え方（講義）	コーヒータイム	個別討議	全体討議
8回目	個別討議　　　全体討議	コーヒータイム	個人の目標行動ビデオ撮影（訓練後の様子）	
9回目	全員でビデオ視聴 工夫した点などの公開	コーヒータイム	修了式　皆勤賞贈呈	

図9-1　プログラムスケジュールの例

寄ることによって，さらなるアイデアを出し合う。

　前半と後半との間にとっているコーヒータイムの間，親は親どうしで過ごしてもらい，スタッフはスタッフルームでその後の個別討議の方針について話し合う。短い時間だがここでの親どうしの交流から，子どもへの対応のヒントを得られる方もおられる。

　なお，プログラムの中で親が取り組む目標行動の数は，1つとは限らない。同時に2，3の目標行動に取り組むことが多く，経過がよければ，途中から新たな目標行動を追加することもある。

▶ **2　各セッションの内容**

　次に各セッションの内容および講義について事例を交えつつ簡単に説明す

る。

(1) 事前面接

　この日は親子で来ていただき、子どもには発達検査をおこなったり、親を待つ間にスタッフと遊ぶようすなどの観察から、日常場面でのさまざまな力をある程度見立てたりする。親には来談までの経緯や、園や学校でのようす、他施設で受けている指導、日常生活でできることなどについてうかがい、また、家族構成や、当該児の養育への家族のかかわりも尋ねる。さらに、「できるようになってほしいこと」、「やめてほしいこと」をあげてもらう。ここにあげられた行動をもとに目標行動を決めていくが、親があげる行動をより明確にしていく作業は次回以降も引き続き行なわれる。

　数回にわたって目標行動についての話し合いが行なわれていくのには理由があり、ペアレント・トレーニングでは目標にできる行動は、IBSOテストにあてはまる行動とされているため、話し合いにより適切な目標行動を検討しなければならないからである。IBSOとは "Is the behavior specific and objective?" であり、①数えたり計ったりできる、②何をもってその行動を観察したといえるかがはっきりしている、③いくつかの行動の集まりではなく、できるだけ細分化された行動であるという3つの条件をさしている。だから、「いい子になってほしい」「もう少し積極的になってほしい」といったことを母親があげてきた場合には、より具体的に何を望んでいるのか、何で困っているのか、どのような目標にすれば取り組みやすいかを話し合っていくのである。たとえば、同じ「いい子になってほしい」ということが、「帰宅後の手洗いや宿題を自分でしてほしい」という場合もあれば、「注意引きでやっている唾吐きをやめてほしい」、もしくは「急に手を振り払って道路に飛び出さないでほしい」ということもある。困っている状況が「帰宅後の手洗いなど」であれば、目標行動はそれに応じて、「あらかじめ決めたスケジュール表にしたがって行動する」などとなり、子どもがどれぐらい自分で取り組めるかに応じて、最初は親の声かけやモデリングといった手がかりを与えて取り組ませ、しだいに自分でできるように手がかりを減らしていくというようなやり方が考えられるのである。また、「もう少し積極的になってほしい」というのが、視線をあわせて話

をしてほしいということであれば,「帰宅後10分間,母親と目をあわせて話をする」という目標行動が設定できる場合もある。

(2) セッション1　親訓練の考え方

この日,3人の親が初めて集まり,実質的なプログラムのスタートとなる。自己紹介の後,親訓練の基本的な考え方についてのオリエンテーションを行なう。講義後の個別討議では目標行動を具体化するが,決まった目標行動を自宅でビデオに撮影してきてもらうことが,この回の宿題となる。ビデオはプログラム前のようすの記録となる。

(3) セッション2　実例紹介

これまでの参加者が目標行動にどのように取り組んだのか,またその結果どのような変化がみられたのかをプログラム前後のビデオを交えて説明していく。これによって,親には今後のプログラムの見通しをもってもらうことができる。この日の個別面接では,親が撮影してきたビデオを見ながら,目標行動をさらに明確にしていくのだが,ビデオを見ることによって,親にも子どもの行動や自分のかかわりについて新たな発見があることも多く,このために目標行動の変更を行なうこともしばしばである。しかし,これによって実情に合った形に目標行動が修正され,取り組みやすくなる場合が多い。次の事例ではそのような目標行動の修正が行なわれた。

A君は小学校1年生の男児で3人きょうだいの長子で,2歳違いの妹,4歳下の弟がいる。母親が困っていることには,「欲しいものがあるとすぐに行動してしまう」といったことがあげられていた。詳しくうかがうと,妹のおもちゃを,「かして」などのことわりもなく取りあげてしまう,すぐに手が出るといったようすが語られた。そこで,「思い通りにならなくても人をたたかない」という目標行動を設定し,母親には訓練前のようすを撮影してきてもらった。

撮影されたのは,母親が夕食準備をしている間に兄妹が遊んでいるようすだった。2人はブロックで遊んでいたのだが,自分のペースでブロックを組み立てて遊んでいる兄に,「この色は自分のブロックだ」と主張しながら妹がブロックを投げはじめた。防御しながらも自分の遊びを続ける兄だったが,妹はついに兄が高く積みあげたブロックをパンチ一撃,崩してしまう。それでも,「いいもんねー」と組み立てな

おす兄のブロックに，妹はさらに手を出そうとする。ここで初めて，兄が妹の足を何度か強く叩いた。激しく泣き始める妹。その声に母親が夕食の支度の手をとめて，「こら，なにしてんの！　さっきまで仲良く遊んでたのにどうしたん？」とやってきた。

スタッフといっしょにビデオを見ていたお母さんに感想を求めると，「こんなに我慢していたんですね」と，兄がただ思い通りにならないだけで人を叩いているわけではなかったことに気づいたと話された。

このケースでは，母親から目標行動が実情に合っていないかもしれないと申し出があり，それを受けて，「決められた時間（17時〜21時）にけんかをしないで仲良くすごす」という，きょうだい全員に向けた目標行動に変更した。目標行動が守れたら，翌日買い物に行なった時にアイスクリームを買ってもらうことを強化子とした（その後，話し合いでなめると色の変わるキャンディ2つに変更）。その結果，たたきあいのケンカは減り，母親は終了時には目標が非常によく達成できたと評価した。

（4）セッション3　行動の観察と記録の仕方

この回では，決まった目標行動をどのように観察すればよいのか，また，どのように記録していけばよいのかを，実例をあげて紹介してく。

問題となっている行動を観察する際に，その行動だけでなく，行動の前後，すなわち行動の「きっかけ」と行動の「結果」とを一連のできごととして観察することが1つのポイントである（図9-2）。このように観察することによって，その行動が起こりにくいように環境を整えたり，行動を起こすことによって得られている強化子を取り除くなどの対応や工夫が可能になる。

しかし，身につけてほしい行動のうち，いくつかのステップに分けられる行動の場合には，現在どこまでできているのかがわかるように観察と記録を行なう必要があるので，図9-3のような記録のとり方が適している。

また，学校から帰宅してから，何をどのように行なうかというように，いくつかの行動を一連の流れとして行なう場合も，それぞれの行動ができたかどうかわかるような記録のとり方が適している（図9-4）。

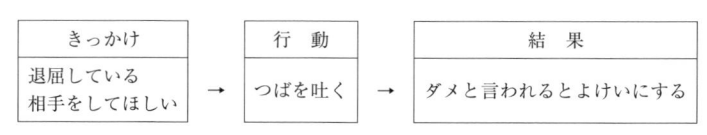

きっかけ	行　動	結　果
退屈している 相手をしてほしい	つばを吐く	ダメと言われるとよけいにする

図9-2　行動観察の例

第9章　発達障害児のペアレント・トレーニング

お弁当のハンカチ包み	○月○日	○月○日	○月○日	○月○日	○月○日
①A,Bをつまむ	◎	◎	◎	◎	◎
②A,Bを交差させる	×	○	◎	◎	◎
③Aをくぐらせる（左手でBをもっていく）	×	×	○	◎	◎
④Aを右手,Bを左手でもって引っ張る	◎	○	◎	◎	◎
再度①〜④を繰り返す					
①′	◎	◎	◎	◎	◎
②′	×	×	○	◎	◎
③′	×	×	×	○	◎
④′	◎	◎	◎	◎	◎
◎自分でできた　○手伝ってできた 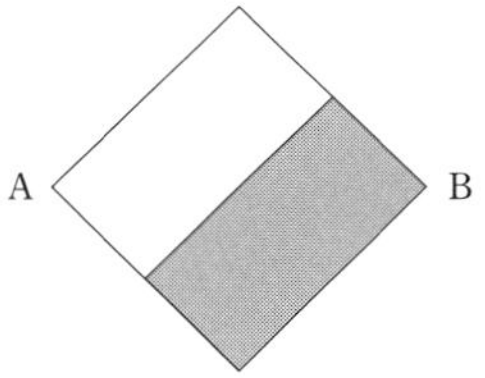 （母親自作のお弁当包みの図。A—B、半分ずつ色を変えて、つまむところをわかりやすくしている。）	④、④′のところだけをさせてみる（ギューっとひっぱるのは大好き）	②では、「バッテンしてごらん」③では「トンネル通そうね」と声かけ。	やわらかめのハンカチを使っておもちゃを包んでみました。（何度か練習しました）		保育所の先生より「お弁当包み上手になりましたね」とうれしい一言。

図9-3　ステップにわけた記録の例

家に帰ったらすること	○月○日	○月○日	○月○日	○月○日
ランドセルを机の上に置く	○	◎	○	○
石けんで手を洗う	◎	◎	◎	◎
水筒を台所に出す	◎	◎	◎	◎
連絡帳を見せる	◎	◎	◎	◎
手紙を見せる	◎	◎	◎	◎
宿題をする	◎	○	○	−
給食袋の交換	◎	◎	◎	◎
筆箱の中のチェック（鉛筆をけずる）	◎	◎	◎	◎
連絡帳を見て時間割をそろえる	△	◎	◎	◎

◎ひとりでできた　△何度も言ってやっとできた　−なかった
○2,3回言ってできた　×できなかった

図9-4　スケジュールの記録の例

この他にも，頻度をグラフのように記録するやり方もあれば，食事に関する行動（食事中の離席，手づかみでなく食器を使って食事をするなど）ならば，食事のメニューも併せて記録すると新たな発見につながることもある。こうした観察と記録に関するレクチャーの後，個別討議ではそれぞれの目標行動に応じた観察と記録の仕方をスタッフとともに考えていく。

(5) セッション4　困った行動を減らすには

思い通りにならない時のかんしゃくや，食事中の離席，道路への飛び出しなどの危険を伴ったり，周囲に迷惑をかけたりする行動のために，子どもを外に連れ出しにくいと感じている親は多い。これらの行動がどのように身についたのかを学び，どのような対応をするかを学ぶのが，この講義である。

ペアレント・トレーニングでは，困った行動も強化されたために身についたと考える。多くの親は，叱責によって困った行動が減少すると考えているが，実際は叱責しても変わらず，行動は維持されることもあり，さらに場合によっては強められる。これは，叱責であれ，親の注意が向けられることが子どもにとっての強化子になっているためである。親の注目やかかわりは非常に強力な強化子である。

筆者が1歳6か月児健康診査で発達相談助手をしていたときのことだが，ある親が，「公園に連れていくと，子どもが砂や小石を口に入れてしまって困る」と訴えていた。しかし，よくきいてみると，ふだんはあまり子どもにかかわらないこの親が，砂を口に入れたときだけは飛んでいって抱き上げていたことがわかった。親としては，「やめさせるために飛んでいった」つもりだが，実際は，「砂を口に入れると，親が飛んできて抱き上げる」という結びつきになっており，親のかかわりが強化子になっていたのである（図9-5）。

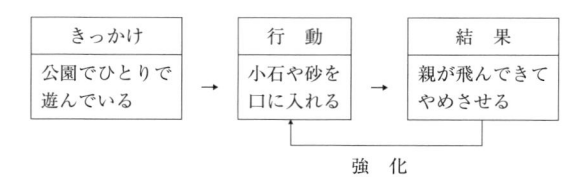

きっかけ	行　動	結　果
公園でひとりで遊んでいる	小石や砂を口に入れる	親が飛んできてやめさせる

強　化

図9-5　親のかかわりが望ましくない行動を強化した例

困った行動を減らすためのペアレント・トレーニングでの基本的な方針は，以下の通りである。

①困った行動と相容れない適応行動を身につけさせる。
②注意を引くためにしている場合には，計画的無視（無視することによって直前の行動を消去する）を行なう。
③叱責や体罰は使わずに，代わりにどうしたらよいのかをわかりやすく示す。
④困った行動がおこりやすい環境を見直して，起きにくくする。

　図9-2の例もやはり，「ダメ」ととめようとする周囲のかかわりが唾はきという行動を強化している。これはBさんという13歳の知的障害の女児で，子ども会で人が話しているときなどに，頻繁に唾はきがみられ，学校でも15～30分で教室に大声を出したりして教室を出ざるを得なくなるとのことだった。母親とスタッフとで話し合っていくうちに，自分でも集中できるものがあれば，唾はきや大声を出す行動が減るかもしれないと考えられた。プリントファイルをめくることや写真をみることが好きだったので，いろいろ試したところ，プリントファイルを用意してもたせることで，30～40分集中できる時もでてきて，唾はきも少なくなっていった。これは，困った行動と相容れない適応行動を強化することで，困っている行動が減った例といえよう。

(6) セッション5　望ましい行動を増やすには
　望ましい行動，身につけてほしい行動を増やすには，その行動を強化すればよい。しかし，わたしたちは思いがけず不適切な行動を強化してしまったり，強化子をうまく利用できずに失敗したりしがちである。この講義では，望ましい行動を子どもに身につけさせるために必要な強化子の使い方，強化の仕方について学ぶ。
　強化子を用いる場合の留意点としては，下記のようなことがあげられる。

①強化子の効果を確認する。満腹時に与えられる強化子が食べ物だと効果は小さい。何度もくり返されて強化子の効果がなくなっていることもある。
②子どもにとって何を強化されているかをわかるようにする。したがって，強化は目標行動が起きた直後に行なうようにし，また，「〜ができてすごいね」などのほめことばとともに強化子を与える。

③強化子をもらえる機会を増やす。子どもができることから始めて、なるべく強化子をもらえるようにする。
④強化子の量は多すぎないようにする。
⑤強化子は子どもが自由に入手できないようにする。
⑥初めのうちは毎回強化する。強化子の削減は目標行動が達成されてから行なう。

　さらに、強化子の少し特別な形としてトークン強化子というものがある。これは、それ自体では価値のないスタンプやシールなどを集めることによって、魅力のある商品や活動と交換することができるという代用貨幣である。缶コーヒーのシールを集めてTシャツをもらうとか、スーパーのスタンプやポイントを集めると日用品と代えてもらえるなどのように、このやり方は日常的にもなじみがあると思われる。この集めていくスタンプやシールを「トークン強化子」といい、トークン強化子と引き換えにもらう強化子を「バックアップ強化子」という。トークン強化子にはいくつかの利点がある。比較的高価な物を強化子として用意することが可能になるし、話しあいながらバックアップ強化子を変えていくことによって強化子への飽きを防ぐことができる。また、もち運べるので強化をする場所を選ばず、行動の直後に強化をすることができる。さらに、強化の期間を調整することができる点もよい。はじめからバックアップ強化子をもらうまでに長い時間がかかりすぎてしまうと見通しがもてず、子どもは課題に取り組む気をなくしてしまう。そこで、最初はほどほどのものにして、まずはバックアップ強化子がもらえることを理解させ、しだいに強化の期間を延ばして、それに見合った物や活動をバックアップ強化子にしていけばよいのである。バックアップ強化子と行動の内容や強化の期間とが見合っているかどうかは、親と子どもとでよく話し合って決めることが大切である。次の事例は、強化子の与え方がポイントになったものである。見通しをもって強化子を決めること、子どもとよく話し合うこと、約束したことは親も守ることの大切さを教えてくれる。

　小学校1年生のC君の母親は、「朝7時に自分で起きる」という目標行動が2週間続いたら子どもの好きなビデオを買ってあげると約束していた。ところが1日失敗したら3日延長というルールを決めて実行されたので、はじめは張り切って取り組んでいたC君も、失敗が続くとしだいに「やる気がなくなった、自信がない」と言

い出した。失敗があれば，強化子をもらえる日はどんどん遠ざかるのだから，永遠にもらえない気になってしまってもおかしくない。そこで，スタッフとの話し合いで「朝7時に1人で10回起きられたら」というルールに変更され，C君も気を取り直して取り組んで達成した。ところがいざという段になって，母親としては数千円するビデオが10回の目標行動の達成には見合わない感じがされ，買ってやるのを渋ったのである。「最初はレゴにしよう」と，強化子を変えようともちかけたが，C君は「約束が違う」と怒り，母親は仕方なくビデオを購入した。

　この後，その母親は強化子をC君の好きなイクラに変えた。朝7時に自分で起きられたら朝食でイクラが食べられるのである。ところがこれはまた失敗で，イクラは冷蔵庫にあることがわかっているので，翌日には全部C君が平らげてしまった。「強化子は子どもが自由に入手できないようにする」という原則が守れなかったのである。その後，スタッフとの話し合いで，朝7時に自分で起きた場合は1点，時間を過ぎて1人で起きたら0点，母親に起こしてもらったら－1点として，仕切りなおすことになった。このように，不適切な行動の場合にトークンを減らすやり方をレスポンスコストという。

(7) セッション6　できないときの手助けの仕方

　さまざまな生活スキルを身につけさせるときに，最終的には1人でできるようになることが目標となるが，まずは手助けが必要となることが多い。この講義では，手助けが必要なところを見きわめる方法や，手がかりの与え方と減らし方，手助けの仕方のポイントについて学ぶ。

　ペアレント・トレーニングでは，子どもができるところから始めて，できないときは手助けをしたり，手がかりを与えたりしながら進めていくが，身につけさせたい行動の性質によって，手助けの仕方を変えるとよい場合がある。

　ペアレント・トレーニングで比較的よく目標行動に選ばれるものの1つに上着やズボン，靴下といった衣服を自分で着ることがあげられる。これらの行動は，できる者にとっては何気ない行動だが，じつは意外にむずかしい。たとえばTシャツを着る場合にも，①シャツの前後を確認する，②シャツを持つ，③頭を通す，④片手を通す，⑤もう片手を通す，⑥シャツのすそを引っ張りおろすというように，いくつかのステップから成り立っているのである。このようにステップ数が多い行動を最初から順に教えていくと，なかなかゴールにたどり着かないために，子どもの方のやる気が続かなくなってしまいやすい。こ

のような場合に有効な方法が背向型の原理の利用である。背向型の原理ではステップの⑤までは親が手伝い，⑥だけを子どもにさせるところから始める。しだいに手伝うステップ数を減らし，子どもに自分でさせるステップを増やしていく。この場合も，子どもがどこまでできるのかに合わせた手助けが大切で，頭を通すことができればあとは自分でできる子どもの場合は，手伝うのは③まででよい。また，手伝ったステップの数にかかわらず，強化子を与えることを忘れないことも大切である。

(8) セッション7　環境の整え方

ちょっとした工夫で，それまでできないと思っていたことができるようになったり，行き詰まっていたはずの行動がスムースに身についたりすることがある。

　Dくんは，自閉症の3歳児で，自分で食事をすることが目標行動の1つになっていた。母親は毎日の夕食のときに食べたもの，食べたときのようすを観察していった。また，決められたぶんのおかずを自分で食べられたら，ご飯を母親が食べさせることを強化子として，自分で食べる練習をしていった。

　この間に母親は，どのようにしたら自分で食べやすいのかを工夫するようになり，次のようなことに気づいて行なった。フォークでさしやすくするために，深い皿にいれる，また，何個かまとめて入れることによって，さしやすくなる。ハンバーグなどの大きいおかずは一口サイズに切ると，自分で食べられる。薬味をおろすための中央がザラザラした皿を使うと自分で食べられるなどである。

　数週間後Dくんのようすをよく知っている人に久しぶりに会うと，「だいぶ1人で食べられるようになったね」と気づかれるぐらいに変化があらわれ，プログラムが終わるころには，ほとんど自分で食べられる日も出てきた。

　このような工夫によって子どもは失敗することが少なくなり，強化される回数が増え，行動が身につきやすくなる。講義ではこの他に，物理的構造化，時間的構造化のように，何を，いつ，どのようにしたらよいのかを示す工夫の仕方についても学ぶ。

　講義はこの日で終了となるので，親には1回目に撮影したのと同じ状況で，子どものようすを撮影するという宿題がでる。このビデオ記録が，プログラム後のようすとなる。

(9) セッション8　訓練後のようすの確認

　目標行動についての個別討議と全体討議の後，この回には訓練前のようすと訓練後のようすのビデオを個別討議のグループで確認する。

(10) セッション9　修了式

　プログラムの最後のセッションである。全員で訓練前後のビデオを視聴しながら，これまでの取り組みについて振り返り，目標行動がどの程度達成されたのかを皆で確認する。

(11) フォローアップ・セッション

　3か月後，6か月後にフォローアップのセッションを行なう。プログラムで取り組んだ目標行動のその後のようすをうかがい，プログラム終了時よりも後退している場合にはその原因を考える。また，プログラム終了後に新たに取り組んだ課題があれば紹介してもらう。

　プログラムで，子どもの行動をどのように変えていけるのかを学んできた親は，プログラムの後半やプログラム後に自分で目標行動や強化子を決め，新しい取り組みをされることも多い。図9-2のステップにわけた記録例としてあげたお弁当つつみの記録も，プログラム終了が近づいたころにある母親が自ら工夫してハンカチをつくって取り組んだものである。取り組み始めて間もなく子どもが自分でお弁当を包めるようになってきていることがわかる。

　また，先の事例A君の母親も，プログラムの最後が近いある日に，次のような取り組みをした。車で約3時間かかる祖母宅へ行く用事があったのだが，これまで長時間の移動では必ずきょうだいけんかになり，運転席に後部座席から足が蹴りだされてくるほどの大騒ぎになっていたとのことだった。母親はこれまでに取り組んできた「けんかをしないで仲良くすごす」という目標行動をふまえて，「おばあちゃんのところに行くまでの車で仲良くすごす」という目標行動を決め，3人の子どもたちと話し合って守れたときのごほうびを決めた。200円から500円程度のキャラクターのお菓子などが強化子として選ばれた。最後にもらう強化子のほかに，30分ごとに守れていたらキャンディがもらえるという工夫もした。かくして当日，往復いずれもけんかはおこらず目標

行動は達成され，後日母親は「みんながイライラせず車での移動ができた」と報告された。

3節　ペアレント・トレーニングは親に何をもたらすのか

ペアレント・トレーニングでは，親が，「観察上手」，「ほめ上手」，「教え上手」，「工夫上手」，「待ち上手」に少しでも近づけることを目標にしており，多くの親が目に見えて変わっていく。福田ら（2005）では，2000年以降4年間にわたって行なってきた17組の親子についての効果測定をいくつかの尺度を使っておこなっている。用いたのは，親自身のストレスを評価するものとしてQuestionnaire on Resources of Stress（以下 QRS; Friedrich, Greenberg, & Crnic, 1983），親の抑うつを評価する Beck Depression Inventory（以下 BDI），養育に関する知識を評価する Knowledge of Behavioral Principles as Applied to Children（以下 KBPAC；日本語版梅津，1982）であった。これらへの回答を訓練（プログラム）開始時，終了時，3か月後の3時点で求めた。その結果，KBPACの得点は有意に増加し，BDI，QRS得点は有意に減少した（図9-6）。

また，プログラムを終えた親からのコメントには表9-1のようなものがあった。

「自分にとって良い結果が得られる行動は増え，良い結果が得られなければ消去される」といった学習理論の考え方はシンプルで，ふだん感じる人間の心の複雑さを思えば，一見味気なく思われるかもしれない。強化子により行動を

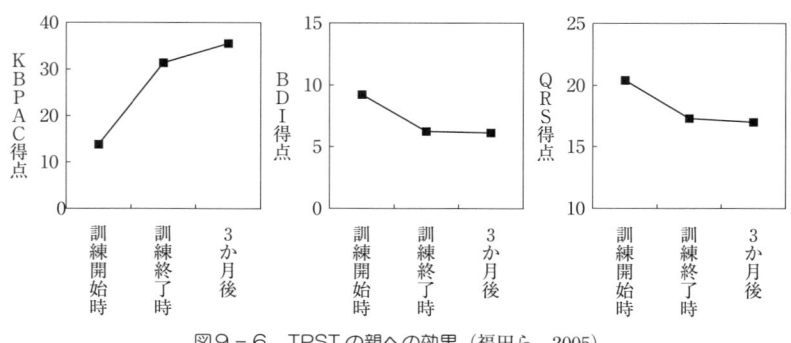

図9-6　TPSTの親への効果（福田ら，2005）

表9-1 プログラムを終えた親からのコメント

1	こんなことを言っても通じないだろうと思っていたが，やり方を変えるとこんなに通じやすいのかと驚いた。
2	こんなにちょっとした工夫だけで子どもの行動が変わっていくのに驚いた。
3	子どもにごほうびを与えるのは，動物の調教みたいでいやだったけど，実際に子どもが変わっていくのがわかり，無理なく子どもと接していけることに驚いた。
4	子どもは，ごほうびのために行動しているというより，やはり親の自分とのかかわりを求めているのだなと思った。
5	親の自分がいろいろかかわりを変えると，子どもが変わっていくのがわかり，子どもと一緒にいるのが前より楽しくなった。
6	子どもを素直にかわいいと思える時間が長くなった。
7	産んだのは間違いだったと思ったこともあったが，笑顔を見て楽しいと思えるようになった。

強化するという考え方も「それで本当にいいのか」と思われる向きもあろう。しかし，シンプルな理論に拠りながらも，実践していくときはつねに手探りである。泣き出したきっかけは何だろうか，泣きやんだのはなぜだろうか，このときはどれぐらい待てるのだろうか，見通しはどれぐらいもてるのだろうかなど，親は観察し，仮説を立て，介入し，その結果をまた観察する。けっしてシンプルにはいかないし，こうすればよいというマニュアルもない。子どもに寄り添いつつ，合いそうな方法をあれこれ試しながら，少しずつ手探りで進んでいく。考えてみれば，この手探りこそが子育てというものなのだろう。しかし，プログラムに参加した多くの親にとっては，このような歩みは，それまで「障害があるから」「言ってもわからないから」とあきらめてきたことなのである。このように，ペアレント・トレーニングは，親がテクニックを学び，実践することを通じて，これまでうまく働かせられなかった親機能を活性化させているといえるだろう。

第10章 発達障害の音楽療法

子どものこころの発達は，子どもの脳の発達を基盤として生ずる神経現象であり，その発達がさまざまな原因によって阻害されると発達障害となる。これらの疾患には，現時点でまだ原因の不明なものや明確な治療法が確立していないものも多く，幼少のころから医療的訓練（リハビリテーション）的教育的に発達を援助し育んでいくという，いわゆる療育が治療の中心になるものが多い。音楽療法も，そういう療育の一方法である。

1節　発達障害と療育法

▶1　定義と診断にまつわる問題

発達障害とは，単なる子どもの気持ちの問題や周囲の人の接し方が原因で発症するものではなく，おもに脳機能の障害や不均衡などによって，乳幼児期から認知・言語・運動・社会性・情緒（感情）などに遅れや歪みといった機能障害を認める疾患の総称で，アメリカ精神医学会の分類である「精神疾患の診断・統計マニュアル」第4版改訂版（Diagnostic and Statistical Manual of Mental Disorder, 4th Edition, Text Revision, DSM-Ⅳ-TR, 2000）では通常乳幼児期・小児期・青年期に初めて診断される障害に（American Psychiatric Association 2000），世界保健機関（World Health Organization, WHO）による国際疾病分類第10版（International Classification of Diseases-10, ICD-10, 2003）では，心理的発達の障害と小児（児童）期および青年期に通常発症する行動および情緒の

表10－1　発達障害の分類（(DSM-IV-TR を一部改変）

精神遅滞（知的障害）
広汎性発達障害
　　自閉性障害
　　アスペルガー症候群
　　特定不能の広汎性発達障害
注意欠陥及び破壊的行動障害
　　注意欠陥多動性障害
　　特定不能の注意欠陥・多動性障害
　　行為障害
　　反抗挑戦性障害
　　特定不能の破壊的行動障害
学習障害（LD）
　　読字障害
　　算数障害
　　書字表出障害
　　特定不能の学習障害
発達性協調運動障害
コミュニケーション障害
　　表出性言語障害
　　受容表出混合性言語障害
　　音韻障害
　　吃音症
　　特定不能のコミュニケーション障害

乳幼児期の哺育摂食障害
　　異食症
　　反芻性障害
　　乳幼児期の哺育障害
チック障害
　　トゥレット障害
　　慢性運動性または音声チック障害
　　一過性チック障害
　　特定不能のチック障害
排泄障害
　　遺糞症
　　遺尿症
その他の障害
　　分離不安障害
　　選択性緘黙
　　反応性愛着障害
　　常同運動障害
　　特定不能の障害

障害（http://www.who.int/classifications/icd/en/）に該当する。したがって，単に注意欠陥多動性障害や広汎性発達障害・学習障害だけでなく，広範囲のものが含まれる（表10－1）。

　子どもは年齢とともに行動が変化していくのがふつうである。たとえば，小さいころは走り回ってばかりいた子どもも，小学生くらいになったらだんだんおちついてきたというように。発達障害児も例外ではなく，成長とともに症状が多少とも変化していく。発達障害の多くは診断の決め手になる検査所見がなく，どんな症状がいつからいくつあるかというような基準で診断するために，診断名がはっきり確定しなかったり，成長とともに症状が変化して診断名が途中で変わったりする場合もある。これは，今の診断基準のもつ問題点であり，診断方法が根本的に変わらない限り不可避の問題である（呉，2006a）。したがって，診断名そのものにこだわって，○○という診断だから××という対処法というような画一的なやり方でなく，その時々に子どもが抱えている困難や

問題点に焦点を当て，その状態を改善するためにはどのような援助が可能か，ということを考えていくのが合理的である。診断がついているかどうかで対処方法が変わるわけではなく，たとえ診断名がつくほどでなくとも，子どもの抱える問題の本質に替わりはないのだから。

▶ 2　さまざまな療育法と課題

発達障害に対しては，一般に，理学療法，作業療法，言語療法，音楽療法，心理療法などが行なわれる。それとは別に，たとえば自閉性障害に対するTEACCH（Treatment and Education of Autistic and related Communication handicapped CHildren）のように，ある疾患に特有の療育方法もいろいろと提唱されている。さまざまな方法があるということは，他を凌駕するような決定版がないということの裏返しでもあり，インターネットなどの普及による情報量の増加もあって，一部の保護者や教育関係者などに誤解や混乱をまねいている。

近年，経験や権威者の判断だけにたよるのでなく，効果・副作用・予後の予測などについて，なるべく客観的良心的に，最新最良の明確な医学知見を用いた，根拠に基づく医療（Evidence-based medicine; EBM）が重視されるようになってきた。EBMの観点からみると，発達障害に対する上記の療育方法は，いずれも明確な有効性についての検証はまだ不十分で，各方法を相互に比較した報告（Kielinen et al., 2002）も少ない。音楽療法も同様で，有効だという症例報告はあるものの，多数例で対照と有効性を比較した報告は少なく，これからの研究が期待される。EBMを伝える最も有用な情報源の1つであるコクランライブラリー（Cochrane Library）は，広汎性発達障害に対する音楽療法について，「限定的な臨床適用ではあるが，子どものコミュニケーション能力を改善する可能性がある。効果の持続性やより広い臨床適用の有効性についての研究が必要である」と述べている（Gold et al., 2006）。

2節　音楽療法とは

▶ 1　簡単な歴史

音楽は，人類の誕生とともに，呪術や信仰と深く結びついて治療的に用いられてきたと考えられ，中央アフリカや南アフリカの伝統社会では，近年でもそのような例がみられると報告されている（Friedson, 1996）。ギリシア神話には，竪琴の名手オルフェウスの奏でる音楽によって，人や鳥獣から木石にいたるまでが魅入られ，その力によって冥界から妻のエウリディーチェを取り戻す様が描かれている。ギリシアの数学者ピタゴラスは竪琴をひいて精神を病む人に聞かせたとされ，音楽療法の元祖ともいわれている。旧約聖書にも，ダビデが竪琴を奏でるとイスラエルの王サウルの心が安まって気分が良くなったとの記述がある（Wigram et al., 2002）。

現代の音楽療法は，20世紀の2つの世界大戦で肉体的にも精神的にも傷ついた兵士のために，アメリカの音楽家がプロもアマチュアも病院に出向いて演奏し，患者が音楽に対して肉体的にも精神的にも注目すべき反応を示したことから始まる（アメリカ音楽療法協会ウエブサイト，http://www.musictherapy.org/faqs.html#WHAT_IS_THE_HISTORY）。日本では，1960年代ごろから精神科領域や障害児などを対象に行なわれるようになった。

▶ 2　定義，種類と特徴

音楽療法とは，個々人のもつ身体・認知・言語・社会性・感情・コミュニケーションなどの障害を音楽や楽器によって評価し介入するもので，表10-2のような種類がある。発達障害児に対して実際に音楽療法が行なわれている

表10-2　音楽療法の種類

集団音楽療法	小集団または大集団で行なう
個別音楽療法	一人の対象者の個別の問題に対して行なう
能動的音楽療法	対象者が歌を歌ったり，楽器を演奏したりする
受動的音楽療法	実際の演奏または録音された音楽を聴く

場所は，医療機関，障害者施設や福祉施設，学校や幼稚園などの教育機関，保育園などの保育機関，保健センターや保健所などの保健機関などの他に，音楽療法士が自宅やオフィスで行なっている場合もある。

　音楽では，たとえば太鼓を思い切りたたいてみるというだけでも自分自身をそれなりに表現することができる。それによって人と気持を通わせ，ことばによらなくとも相手とやり取りができる。そういう音楽の特徴を活かした療育が音楽療法で，発達障害児のもつさまざまな能力の障壁を乗り越える可能性をもっている。音楽療法では，授業やレッスン・芸術としての音楽と違って，楽器を上手に演奏することや，きれいにそろった合奏をすることを目的としない。ノーマライゼーションの浸透によって，障害児も健常児もいっしょになって活動する機会が増えており，音楽を使うことで，両者が興味をもってともに楽しく活動しながら，言語・認知・身体・社会性・感情などの能力やスキルを向上させ，互いの優れた点，今まで気づかなかった隠れた能力などを認め合うことができる。保育園や学校などでの実際の活動で，そのことを痛感している。

▶ 3　現代社会と音楽療法

　電子機器やゲーム，インターネットなどが急速に普及し，少子化や核家族化が進行して地域社会の役割が低下した現代は，子どもどうしが実際に交わる機会が減少している。すぐにキレる，不登校，ひきこもりなど，発達障害と診断されていない子どもたちにもコミュニケーション能力の低下が危惧されている。これは子どもだけに限られた現象ではなく，大人にも同様の問題が指摘されている。一方，日本社会は元来，以心伝心とかあうんの呼吸ということばに象徴されるように，ことばによらないコミュニケーションを好む国民性がある。裏を返せば，ことばによるコミュニケーションが苦手とも考えられる。音や楽器は人と人をつなぐ架け橋となるもので，音楽療法は，そういう国民性，時代性にふさわしい方法といえるかもしれない。

第10章 発達障害の音楽療法

3節　発達障害の音楽療法

▶ 1　目的

　発達障害を対象とした音楽療法では，音や楽器を媒介としたやりとりや自己表現を通じて，自分自身を開放し相手との関係を築く，ものごとの理解力を伸ばし発語を促進する，ルールや順番を守った活動を行なってソーシャルスキルの育ちを援助する，などがおもな目的となる。

▶ 2　理論，方法と効果

　発達の遅れや不均衡から発症するのが発達障害であるから，それに対して科学的にアプローチするには，ヒトが生まれながらにどういう能力をもち，それがどのように発達していくのかについての学際的な研究（赤ちゃん学）を知ることが大切であり，「赤ちゃん学の知見に基づく音楽療法（BSMT）」（Go, 2007）がたいへん有用である。その中から発達障害に適用できる（1）〜（4）と，BSMT以外の（5）楽器使用の工夫，（6）小集団での音楽ソーシャルスキルトレーニング（Social Skills Training, SST）について述べる。

（1）共感覚（感覚間相互作用，クロスモダル［crossmodal］）

　人間には五感があり，それぞれが独立して発達するのではなく，脳機能の上でも相互に深く関連（共感覚）している（Taga et al., 2003）。発達段階が未熟であればあるほどその関連性は強く，単一の感覚だけでは識別できないことでも複数の感覚が同期して刺激されると識別が可能になることがある（Bahrick & Lickliter, 2000）。また，成人に比べると，幼児期には聴覚刺激が視覚刺激よりも強く作用すると報告されている（Robinson & Sloutsky, 2004）。

　これらを応用し，知的障害や広汎性発達障害児に対して，音や音楽を視覚や触覚刺激などと同期させて提示し，物や概念の理解をうながす（呉，2005）。楽器は，見てさわることで音が出る物であり，視覚触覚聴覚刺激がもともと同期しているという点で，共感覚刺激による認知能力の向上に適している。たと

161

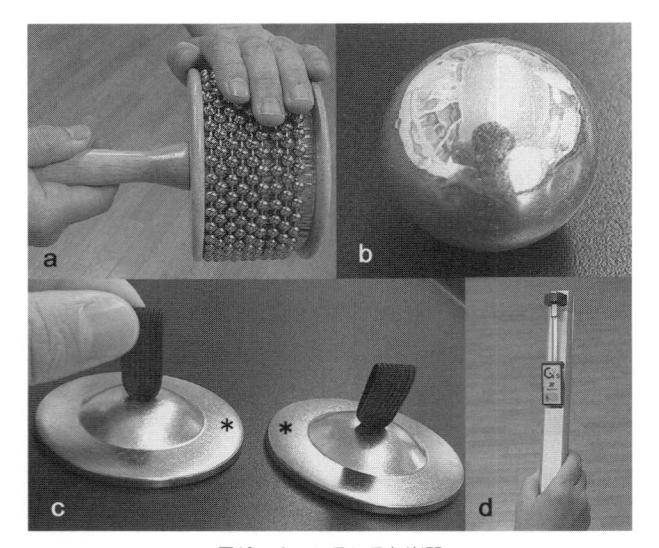

図10-1　いろいろな楽器
a：カバサ，b：メルヘンクーゲル，c：フィンガーシンバル，d：トーンチャイム

えば，カバサ（図10-1a）という楽器を手や足に当てて音を鳴らしながら，手や足という部位の理解をうながす。

　発達段階が高くなると，たとえば，高い音と物を高くあげるという動作を組み合わせることで，抽象的な概念（この場合は，高さ）の理解を促進させることができる。逆に，子どもがおちつかない場合や問題行動をしている場合などは，刺激の過剰や不適合がないかどうか再点検してみることも必要になる。集団で歌を歌ったり手遊びをしたりする活動の際に，いつもうろうろして活動に参加できない注意欠陥多動性障害の子どもが，ピアノの伴奏をやめることで着席して皆といっしょに活動できるようになった，という例などが実際にある。

(2) 模倣

　生後数時間の赤ちゃんでも，相手の口の開閉をまねる（新生児模倣という）ことができる（Meltzoff & Moore, 1977）ように，模倣はヒトの生得的な能力である。生後7か月ごろになると，手や体を使ったより高度な模倣が可能になる。さらに，14か月をすぎると，自分が相手に模倣されていることに気づ

第10章　発達障害の音楽療法

くようになり，自分の動作を変えて相手を試したり，相手をよく見たり笑いかけたりするようになる（Meltzoff, 1999）。つまり，模倣が自己表現や他者とのコミュニケーションの源になる。脳機能の上でも，自分が模倣されているのを見たときに強く活動する脳部位（右頭頂葉下部）の存在が報告されており（Decety et al., 2002），ヒトの社会性にかかわる神経基盤の1つと考えられている。

　広汎性発達障害児では，模倣ができないか遅れることが知られている。大人のまねを子どもにさせるのではなく，子どものちょっとしたしぐさや断片的な発声などをセラピストや親がまねることで，子どもが相手の存在を意識して注視したり，近寄ってきたり，周囲の人に働きかけたりする行動がみられるようになる（図10-2）。子どもの行動を直接的に模倣するだけだと，変化に乏しく飽きられる（馴化）かもしれないが，音楽を使うと，たとえば子どものすばやい動きを速いテンポの曲で，ゆっくりした動きを遅いテンポの曲でまねるというように，間接的に模倣することもできるので，模倣がより多彩になり（呉，2005），表現をさまざまに変化させて延々と1時間位模倣活動を楽しむ子どももいる。これを小集団で行なうと，大人と子どもの間にコミュニケーションが生まれるだけでなく，他の子どもへも関心が広がって子どもどうしで模倣しあう活動に発展することも経験する。

図10-2　模　倣（Go, 2007）
P：特定不能の広汎性発達障害の7歳男児，Th：セラピスト，M：母親。左：カバサや太鼓で自由に活動すると，この図のように後ろや側方ばかり見て，周りの人とのやり取りがない。右：そこで，セラピストや母親が子どもの模倣を始めると，子どもは自分の模倣をしている人を注目し，相手に対して働きかけるようになった。

（3）音楽と言語

　子どもは，会話では使えないことばでも，歌詞としてなら意味もわからずに歌っていることがよくある。広汎性発達障害で数語しか話せないのに，歌詞なら歌える子どもがいる。失語症の成人で，ことばは話せないが歌詞なら明瞭に歌える場合もある。このように，言語と音楽の間には不思議な関係があり，両者の脳内処理機構には年齢にかかわらず共通部分があって，とりわけ乳児期には言語は音楽の特殊なケースとして扱われるのではないかと考えられている（Koelsch & Siebel, 2005）。実験的にも，一定の規則に従って音の高さとことばを対応させて聞かせると，そうでないときに比べてことばの獲得が容易になることが報告されており（Schön et al., 2008），言語と音楽の両方のシステムを使

表10-3　行動スコア（Go, 2007）

ポジティブ行動	ネガティブ行動
発声，喃語，発語	人や物への暴力
笑う	泣く
自発的な楽器演奏	常同行動
周囲の人への自発的な働きかけ	脱出

ビデオ撮影した患児の行動を，ポジティブ行動とネガティブ行動に分けて回数を数え，前者の合計から後者の合計を引いた値を行動スコアとして算出した。

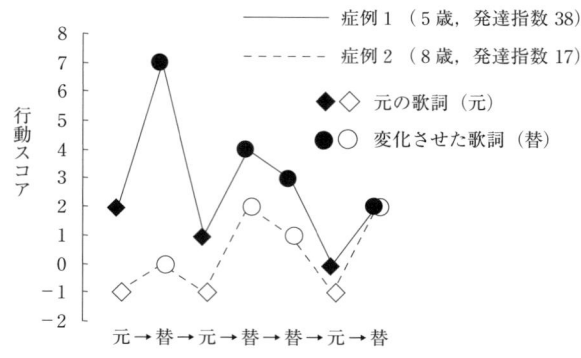

図10-3　歌詞による行動スコアの変化（メロディは同じ）
　　　　（Go, 2007）

原曲通りの歌詞（元）と変化させた歌詞（替）を，間にポーズをはさんで交互に歌いかけ，それぞれの歌詞のときの行動スコアを表10-3に従ってカウントし比較した。変化させた歌詞は，患児がそのときに見たり行なったりしている活動に関連したもので，患児の名前やお母さん（ママ）という語を含んでいる。発達指数は新版K式による。

うと，一方のシステムからの入力だけのときに比べて，聞いたときに認識しやすく新たに獲得もしやすいと考えられている。つまり，音楽に乗せると言語の理解や獲得，ひいてはコミュニケーションが促進される可能性が考えられる。

一方，乳児は言語の獲得過程で，日常聞こえてくる一連の会話の中から最もよく聞く単語を，まず最初に他の単語から切り分けて識別するようになる（Jusczyk & Aslin, 1995）。乳児にとって最もよく聞く単語とは自分の名前やお母さん（ママ）という単語であり，その次には自分の名前やママという単語のすぐ後に聞こえてくる単語に注意が向けられると報告されている（Bortfeld et al., 2005）。

これらの知見を応用して，言語未獲得のさまざまな発達障害児に対して，なじみの曲のメロディはそのままで，歌詞を患児の名前やお母さん（ママ）という語を含み，患児がそのときに見たり行なったりしている活動に関連したものに替えて歌いかけることで，言語の獲得や理解，コミュニケーションの向上をうながす。この方法を，有意語のほとんどない2例の自閉性障害児に適用して，歌詞の違いによる子どもの行動の変化を表10 – 3に従ってカウントした結果を図10 – 3に示す。言語の理解や表出能力が不十分でも，状況に関連したことばや自分の名前，お母さん（ママ）ということばを歌いかけることで，相手とのコミュニケーションが促進される可能性が示唆された。

(4) 注意（アテンション [attention]）

子どもは大人と違って，退屈や苦痛，いやなことを我慢して訓練をするということは基本的に困難で，楽しい遊びの要素がないと活動を続けることがむずかしい。発達障害児の場合は，なおさら忍耐の許容範囲が狭い。そのため，子どもの興味や注意をいかに引きつけるかということが，発達障害児の療育の出発点となる。それには，発達の諸段階で，どのようなものが子どもの注意を引きつけるかということをよく知っていることが必要である。

乳幼児は，新しい珍しい不思議なものに対する新奇選考を示す一方で，人の顔や養育者にまつわるもの，同年齢の子どもなどのなじみや愛着を感じるものに注意を向ける場合もある。後者はおそらく，自己の生命保存や快の感覚・感情と関連しているものと思われる。音楽的には，低い音より高い音（Trainor & Zacharias, 1998），不協和音より協和音に注意を向ける（Trainor & Heinmiller, 1998）が長続きしないと報告されている。また，同じような高い音で抑揚に富んだスローテンポの声でも，歌の方が話しよりも注意をよりよく引きつけるといわれており（Nakata & Trehub, 2004），音楽が発達障害の療育に相応しい理由の1つと考えられる。

　同じ疾患の子どもでも，個々の子どもによってまったく違うものに興味を示す場合があるので，セラピストの思い込みや思い入れによって判断が曇らされることのないように，子どものようすをよく観察することが大切である。また，障害が重度であればあるほど，子どもの反応がないのは障害の重さが原因と考えがちであるが，何かの機会に驚くような大きな反応を示し，障害ではなく注意が向かなかったのが無反応の原因であったと思い知らされることがある。

　楽器は子どもの注意を非常に強く引きつける場合がある。たとえば，いつも母親の背中にしがみついてまったく顔を見せることさえなかった広汎性発達障害の子どもが，メルヘンクーゲル（図10－1b）という不思議な音を奏でるキラキラしたボールをそっと転がしてやると，何度目かに少し顔をあげてそっとのぞき見るようになった。また，音楽療法の部屋に入ることさえ困難だった広汎性発達障害の子どもは，時計の文字盤に強い関心を示すので，大きなボールに数字を描いて時計の文字盤に似せてコロコロと転がすと，そのボールを追いかけて部屋に入り，その後は何の抵抗もなく入室が可能になった例もある。この子は，太鼓やタンバリンに数字を描くとよく演奏することもわかり，子どものこだわりをうまく利用するとやり取りが可能になる実例でもある。

　行動や思考面でのこだわりに対しても同様で，それを無視して活動を継続しようとしてもうまくいかないことが多い。むしろ活動の中に取り入れて発展させることで活動自体が活性化し，それで満足するためか，活動後にはこだわり行動や思考が解消していることもある（図10－4）。このやり方を取り入れる前と後で子どもの行動がどう変化したかを，音楽療法セッションを記録したビデオで行動解析を行なって検討（図10－5）すると，物を投げたり泣きだしたりするネガティブな行動は活動早期から継続して有意に減少し，音楽療法がネガティブな行動の抑制にかなり有効な方法であることがわかった。発語の増

第10章　発達障害の音楽療法

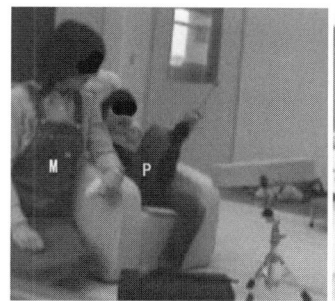

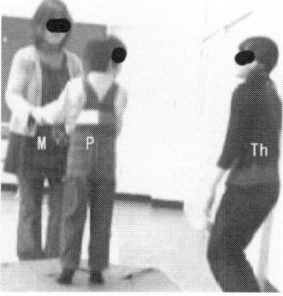

図10-4　こだわりを活用する
P：特定不能の広汎性発達障害の7歳男児，Th：セラピスト，M：母親。左：子どもは，祖母の家へ行くという考えから離れられなくなって音楽療法を継続できなくなり，小さなパニックを起こしている。右：そこで，祖母の家に行こうという即興の歌で活動すると，セラピストの方を注目し，子ども自身が歌の内容をいろいろと変化させ（例えばパジャマを持って，など），周りとのコミュニケーションが促進された。活動終了後は，祖母の家に行こうとは言わなくなった。その後，本児は毎回自分からこの活動を行なうようになり，内容をさらに多彩に変化させて，セラピストとやり取りをするようになった。

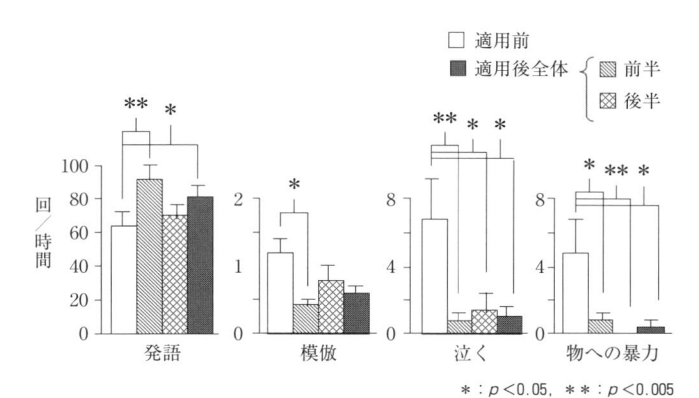

＊：$p<0.05$，＊＊：$p<0.005$

図10-5　行動の変化
1時間当たりの各行動の回数をビデオ記録からカウントし，こだわりを活かして展開する活動を適用する前15回と後22回のセッションで比較した。適用後は，前半11回，後半11回，全体22回の3つに分けて表示した。グラフは平均±標準誤差を表わす。

加もみられたが効果は一時的で，その後以前のレベルに戻った。模倣行動は発語の増加とは逆に一時的に減少し，その後回復傾向を示した。一例だけでは断定的なことは言えないが，模倣行動は言語の増加と逆相関するのかもしれない。

　注意欠陥多動性障害などのように，多動や不注意などで集中できない子どもの場合には，たとえば打楽器を提示する位置を変化させて，上から出したり横から出したりうしろに隠したりして注意を喚起する，音を出しながら移動する楽器を耳と目で追って注意を集中する，静と動・沈静と興奮というように活動内容にメリハリをつけ注意の持続を図る，などの工夫をする（呉，2006b）。

（5）楽器使用の工夫

　楽器の使用法を工夫することで，相手の目を見たり，仲間どうしの相互関係が自然に生じるようにすることができる。たとえば，手のひらにのるような小さなフィンガーシンバル（図10－1c）は，広い面どうしを打ちあわせて鳴らすのでなく，ふち（図10－1cの＊）どうしを軽く当てて小さな音を鳴らす楽器であるが，自分1人で鳴らすのでなく相手と一個ずつもって2人で鳴らすようにすると，相手と動きを合わせないと音が鳴らない，音が出たときには，自然に顔を見合わせるようになるなど，相互関係の形成が促進される。鳴らされた小さな音が消えるまでの音の余韻を聞かせることで，注意の持続を図ることもできる。数人で輪になってトーンチャイム（図10－1d）の音を回していくという活動では，音を誰かに向けて鳴らすときに人の顔を見る，注意がそれると音が誰に向けられたのかわからないなど，楽器と音を介したコミュニケーションが図られる。また，自分の順番が回ってくるまで待つことも要求される。自分がもったタンバリンなどの打楽器を相手に向かって差し出してたたかせる活動では，相手のたたく強さを自分の手で感じる，そのことから逆に自分がたたいたときに相手がどう感じたかを想像するようになることを期待する。また，ある規則に従って楽器を演奏する活動，たとえば木琴を2人で場所を分け合って演奏することで，ルールを守った行動をうながすことができる。

（6）小集団での音楽ソーシャルスキルトレーニング（SST）

　音楽やそれに伴う歌や踊りには，同じ集団内や異集団間での人間どうしの絆を形成するという社会的な作用があり，それがヒトの進化の過程で有利に作用してきたのではないかと考えられている（Hagen & Bryant, 2003, Koelsch & Siebel, 2005）。そういう社会的な作用を意図して，子どもどうしの相互関係の形成をうながし，子どもどうしの自然な活動から対人関係や規則などが育まれていくのを援助する目的で，前項で述べたような楽器活動を小集団で行なう音楽SSTを実施している。医療機関ではさまざまな発達障害児を対象（①）に，保健センターでは健診でことばの遅れ・多動・こだわりなどの行動上の気になる点を指摘された子どもを対象（②）に，学校では発達障害児だけでなく健常児も参加して（③）行なっている。通常よくみられる観察学習やロールプレイのような擬似的なリハーサル活動によるSSTと違って，これらの音楽SSTは，実際にちょっとしたけんかもおこるなど実に真剣で，しかも楽しい子どもどうしの自発的な活動で，発達障害や同様の問題をもった子どもの社会性の育ちの援助に有効な方法と考えられる。その日の目標を最初に提示して最後に評価のシールを貼る，トラブルや規則違反に対してはイエローカードやレッドカードを出す，活動後にビデオで自分の行動を振り返るなどの手法も併用している。

　上記の①・②で月1回約1年間活動を行ない，最初と最後に子どもの気になるところを保護者にアンケート調査した結果を図10−6に示す。当然のことながら年齢によって気になる点が異なり，1年後に変化した項目に違いがみられた。例数が少ないため断定的なことは言えないが，幼児期ではことばの遅れや集中力に，学童期では他児との交わりや集団行動・こだわりに，両期を通じて多動やおちつきに改善傾向がみられた。幼児期のこだわり，学童期の冗談の理解，両期を通じてものごとの理解には変化がみられなかった。また，表10−4のような意見や感想が寄せられた。

　子ども自身にもセッション後にアンケートを実施し，①の発達障害児9名と③の小学校の同年齢健常児約250名とを比較した結果を図10−7に示す。他児の顔や目を見たり，順番を待つことでは，両者の自己判断に差はみられなかった。一方で，発達障害児は物の取り合いが多く人に譲ることが少ないこと

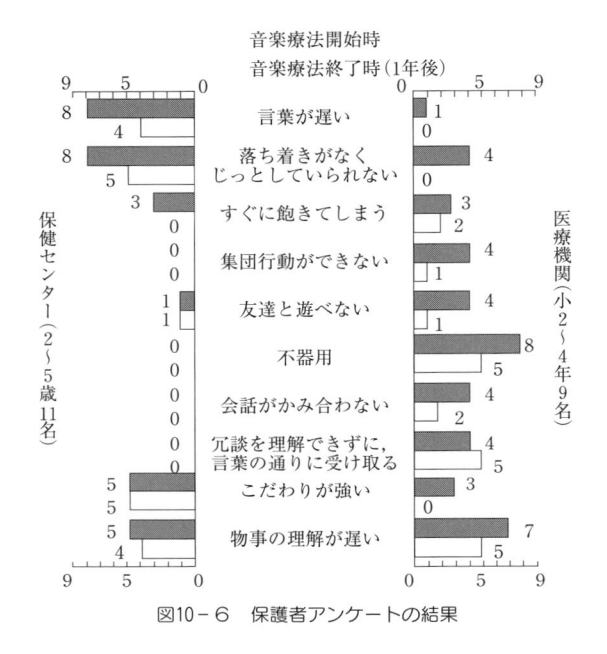

第3部　成長と学びの問題を解決するために

図10-6　保護者アンケートの結果

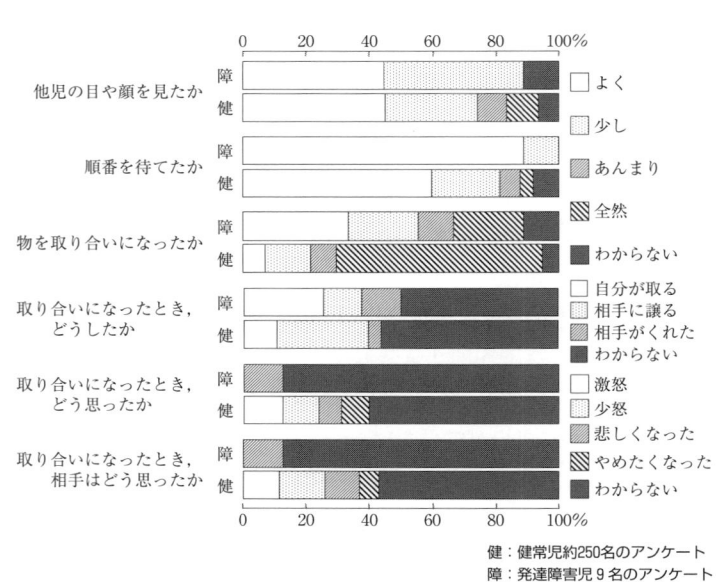

図10-7　子どものアンケート

健：健常児約250名のアンケート
障：発達障害児9名のアンケート

を自覚しているものの，そのときの自分や相手の感情に対する質問には，ほとんどがわからないと答えており，気持ちを省みることはむずかしいようである。このように，音楽療法で活動中の子どものようすから，診察室やふだんの生活からはうかがえないような子どもの姿を知ることができ，診断にも役立つことがしばしばある。

▶ 3　家族療法

　発達障害の子どもの保護者の中には，子どもとどうやってコミュニケーションをとったらよいかわからず途方にくれている人や，子どもの将来に対する不安にさいなまれている人も多く，診察室でずっとうつむいていたり，思わず涙をこぼしたりする保護者をよく見かける。音楽療法では，子どもとセラピストのコミュニケーションを緊密にするために，部屋に親を入れずにセッションを行なう方法が一般的であるが，表10－4の親のアンケートにもあるように，セッションを見ることでふだんは気づかなかった子どものようすを親が知る機会になったり，親子でいっしょに楽しく活動することで親子間のコミュニケーションが改善し，子どもの発達促進に良い影響があるだけでなく，子どもとどうかかわったらよいかを親が知る機会になったり，親自身の不安やストレスが

表10－4　保護者の意見と感想

1	保健センター（2〜5歳児，②） 活動後，不思議と穏やかになっている。 楽器で自己表現できる満足感を得ているようで，家でもできる良い方法だ。 親子で共に楽しむことができた。 色々と楽しく遊べる方法を知ることができた。 知らない人と溶け込むのが難しいが，音楽があると自然と遊べるようだ。
2	医療機関（小学2〜4年，①） 音楽＝勉強（授業），楽器や歌の練習という考え方が変わったようだ。 家にある楽器を楽しそうにさわるようになった。 友達とのやり取りが上手になった。 明るくなった。 友達の名前を少し覚えられた。 高音になれた気がする。 集団の中での子どもの様子を母親が知ることができた。 友達とどう接するかを学んだ。

軽減されて親の心理状態の改善につながることもしばしば経験する（呉,2006a）ため，むしろ親といっしょのセッションを積極的に行なうこともある。

きょうだい姉妹で音楽療法を行なうこともある。親子や他の子どもとはうまくやり取りできない子どもでも，きょうだい姉妹とは不思議に細やかなコミュニケーションをとれることがある。その逆の場合や，きょうだい姉妹とやり取りができても他児ともできるようになるとは限らないなどの問題点もあるが，適切な小集団が組めない場合などには，その代わりとしてきょうだい姉妹でセッションを行なうこともある。

4節　音楽療法の注意点

対象者の気分に合った音楽を使用することで，対象者は自分が受け入れられたような，自分の気持が代弁されたような安らぎを覚える。これを同質の原理といい，音楽療法の基本である。逆に，対象者の気分と掛け離れた音楽を使用すると，拒否反応やストレスの原因になる。

発達障害児の中には，聴覚過敏をもつ子どもがいる。大きな音や乳児の鳴き声に対して耳を塞いだり，ひどい場合はパニックになることもある。キーンという金属音や工事現場の音などには誰でも不快になるが，許容の幅が極端に狭いと考えられる。しかし，同じような音でも，自分の意思と関係なくよそから聞こえてくる音には過剰に反応しても，自分で鳴らす大きな音には平気なことが多い。中には，自分で太鼓をたたいて大きな音を出しては耳を塞ぐということを何度もくり返しながら，それでもたたくことをやめない子どももいて，聴覚過敏でも音楽療法を問題なくできることが多い（呉, 2006a）。

発達障害児の中には，てんかん発作や脳波異常をもつ場合がある。稀に，音楽によっててんかん発作が誘発される音楽てんかんを起こすことがある。特定の周波数の音によって誘発される場合と，音楽がかきたてる情動によって誘発される場合があり，起きた発作が音楽てんかんか，それ以外の発作か，鑑別する必要がある。てんかん発作を過剰に恐れて，発作があるというだけで音楽療法を適応除外にしたり，逆に発作が起こっているのを気づかずに音楽療法を継続したり，という場合を見聞するが，いずれの場合も専門の医師と緊密な連携

をとることが大切である。一般的に，単発の短い発作で元の状態にすぐに戻ればセッション継続可能であるが，発作が続く場合はいったんセッションを中断し，発作が止まらなかったり意識や呼吸状態が元に戻らなかったりする場合には医師の診察を受けることが必要になる。

5節　音楽療法に関する誤解

　音楽はどの文化圏にも普遍的に存在するものであり，ヒトは，乳幼児期からすでにさまざまな音楽的能力を自然にそなえていることがわかっている（Trehub, 2003）。したがって，それ以上の特別な音楽的才能や技術がなくても音楽療法の対象となり，十分な恩恵をうけることができる。楽器演奏や歌が上手な方が効果も高いということもない。

　他の音楽より治療的効果が高く，誰にでも有効な特定の音楽，音楽スタイル，あるいは音楽ジャンルがあるわけではない。クラシック音楽，特にモーツァルトを聞いていれば誰でも健康になり頭がよくなるというような風説が流布され，その影響で，発達障害の子どもにモーツァルトを聞かせている保護者も散見する。イギリスBBCが小学生約8000人を対象に行なった大規模調査では，モーツァルトよりもポップミュージックの方が空間推理課題の成績が有意に向上し（Schellenberg & Hallam, 2005），日本の5歳児では，モーツァルトよりなじみの童謡などの方が，お絵かきの持続時間や内容が有意に向上したという報告（Schellenberg et al., 2007）でも明らかなように，対象者の好みや環境，治療的必要性，目標などに応じて，既成の歌や即興の曲，さまざまなスタイルの音楽を選択することになる。

6節　終わりに

　子どもにとって音楽とは，注意をよく引きつける刺激であり，楽しい遊びであり，まわりの人々と交わる手段でもあって，有効に使うことによって運動・認知・社会性・感情などの発達をうながすことができる。音楽療法は，他の療育方法のようにまだ医療・教育・保健などの分野で制度や資格が確立していな

いため，療法の内容，機会，経済性などの面でさまざまな課題がある。本章が適切な音楽療法の普及と確立に少しでも寄与できればさいわいである。最後に，本章で取りあげた子どもたちと保護者の皆さん，共同で活動している多数の音楽療法士達に感謝したい。

第11章 いじめと不登校のスクールカウンセリング

　いじめと不登校は現在の教育現場での大きな問題となっている。いじめについても，不登校についても膨大な事例報告と研究がある。いろいろなタイプ分けの試みもなされている。ここでは，それらを，紹介するよりも，むしろ，現在の学校臨床で日々取り組んでいる中で筆者にとって重要な問題として浮かびあがっており，考えるにいたっていることを報告する。そのため，これまでのいじめと不登校に関する書籍のいくつかを章末に参考文献としてあげておく。ぜひ参考にされたい。

1節　スクールカウンセリングの構造

　一般にカウンセリングにおいては，クライエント（来談者）との一対一の個別相談の中で，クライエント個人の内的な作業の支援を行なうことが基本と考えられている。話を聞いてもらうことを通して，自己理解を深めること，理解され受け入れられたと感じることによって自分の可能性と課題を確認し，さらに自分の望ましい変化に向けて勇気づけられることはカウンセリングに期待される最も中心的な成果である。スクールカウンセリングにおいてもこのオーソドックスな個人面談を基礎とするが，多くの場合，これだけで終わることはなく，さまざまな手法を併用することが必要となる。
　学校環境においては，クライエントに対して各種の外的条件が加わりやすく，この条件も刻々と変化していくため，クライエントの内的作業の支援だけでは，事態の対応が困難になるケースが多くなるためである。また，クライエ

ントを中心とした人間関係，あるいはクライエントの周辺で生じた事態が学校に関与する多くの成員に多様な影響を及ぼしていく側面も重大である。

このため，個人面談と併用しながら，当該生徒にかかわる人たちの相互関係を整理し，教員間の連携を取りつつ，関係者のコミュニケーションをネガティブなものからポジティブなものへと導いていくという，クライエントを取り巻く学校環境全体のコーディネート的な支援手法も考慮されるべきである。その意味で，スクールカウンセリングは，学校という大きなサイズでのグループカウンセリングということもできる。このような作業は個人面談と併用することによって，クライエント自身の成長しやすい環境を整えるとともに，すでに生じた問題あるいは新たに発生する問題への対応と解決を容易にするものであろう。

スクールカウンセリングにはシステム論的な状況把握を欠かすことはできないと筆者は考えている。システム論的とは，誰かに問題が発生しているときに「誰が悪いのか」「何が原因か」といった視点で見るのでなく，関与している成員およびさまざまの環境要因の相互作用のあり方に視点を置き，その相互作用のあり方に変化をもたらすことによって問題を解決することを目指す手法ということができる。悪者探し・責任追及から生じる対立や悪循環を止めることが重要である。また，問題を好転させる鍵は関与するすべての成員が大なり小なりもっており，それらを引き出すことにより子どもの自立と成長という本来の目的に向けたよい循環をつくっていくこと，また，そのことに向けて，関与する成員が相互作用を変化させるべく自らの課題に取り組むことを勇気づけていくことがカウンセラーの仕事の重要課題となる。

実際には，時間経過の中で問題がどのように発生，変化，波及してきたのかを把握すること，この時間変化の中で，子ども，保護者，教員（学校）のスタンス，ニーズがどのように変化してきたのかを理解すること，問題の発生の中で，事態を好転させない悪循環を見立てることや，逆に好転させる条件や人の所在などの現存するリソース（ポジティブな資源）の発見が欠かせない。

この把握整理の作業は，子どもとの個人面談，保護者との面談，関係者の合同面接などを実施しながら，関係者の密接な連携の下で行なわなければならない。問題によっては，外部の機関（医療機関・相談機関・児童相談所や，司法

など）との連携も必要になる。このとき，いずれの当事者とも率直で良好な関係をもちながら，細心の注意を払って事態を把握し，同時に共通認識化の作業を少しずつ進め，目的である生徒の成長のためのプロセスを始めることとなる。このとき，個人情報保護・心理臨床家としての守秘義務という課題と，学校・保護者・関係者の協力関係の形成という課題の一見二律背反とも見える双方の両立をいかに図るかもまた，細心の注意を要するところとなる。

2節　いじめと不登校

いじめと不登校は，現在の教育現場での大きな問題であり，大きく日本の現状を見ておくことをしてみようと思う。ここでは文部科学省の統計から，今のいじめと不登校の現状をそれぞれ捉え，その影響を考えてみる。

▶ 1　いじめの現状

平成18年度の文部科学省の統計によると，全国の公立の小・中・高等学校および特殊教育諸学校におけるいじめの報告件数は21671件（前年度23351件）7.2パーセント減と報告されている。659人の児童生徒に1件のいじめが生じているというこの数字については，実態を表わしているかどうかについて疑問だとする声もある。いじめを文部科学省に報告するのは各学校であるので，報告する学校が実態を把握できているかどうか，また把握したとして，いじめが学校内で発生しているということを，教師や学校運営者は認める事に積極的ではないと推測される。子ども・保護者からすれば，どう考えてもこの数は少なすぎると感じられる。

何をもっていじめと定義するのかについての混乱もある。文部科学省の統計は従来「自分より弱い者に対して一方的に，身体的・心理的攻撃を継続的に加え，相手が深刻な苦痛を感じているものの発生件数」としていた。平成18年度より，「当該児童生徒が，一定の人間関係のある者から，心理的・物理的な攻撃を受けたことにより，精神的な苦痛を感じているものの認知件数」と改めた。平たくいえば，いじめられている，苦痛だと感じている子どもがいることを教師が知り得た数ということになる。

ここからも見えるように，いじめの問題にかかわっては，その実態の見えにくさが，親の不安を駆り立てる現状がある。いじめの被害に遭っている子どもが，自分のしんどさを隠して自分で抱え込んでいることも少なくない。自分のこころの内を大人に知られることをいやがるようになることは，子どもが自立していく上で必要なプロセスである。しかしこういった子どもの秘密主義の背景に，子どもの教師不信，大人不信が潜むと考えられる場合もある。心配性の親を刺激したくないとか，「大人」に知られた結果「大人」たちがとる対応の見通しについて悲観していたりする。かつてその子なりにSOSのサインを出したのだが，周囲にうまく受け止めてもらえなかったと感じて，それ以降，SOSを出すことを断念してしまうこともある。そのことが，子どもの自責，エネルギーの疲弊，うつ状態につながり，登校しぶりや自殺念慮などにいたることもある。

昨今いじめの問題が大きくクローズアップされたのは，いじめ自殺という重大な結果にいたった事例がしばしば報道されるようになっていることが大きく影響している。そのため保護者の不安も教師の緊張も高まっている現状がある。このことは，よくも悪くも現在の問題に影響をする。その犠牲があって初めて，きちんとSOSを出せるようになった多くの子どもと，子どもを守ることに注意を払えるようになった多くの大人たちがいることも事実である。しかし，いじめ自殺の報道が，ますますいじめ自殺を誘発する面もある。潜在していた親対学校の不信の構図を顕在化させることにもなる。

いじめについての議論が混乱するのには，前述のようにいじめの定義が困難なことにもよる。子どもたちの日常生活の延長にある仲違いや悪口，言っている本人に対して悪意はなくても相手を傷つけてしまう「からかい」などの言動，仲良しグループの中でのささいな行き違いからはじまる無視なども，受けた側の子どもが傷つけば「いじめ」である。より悪意のある意図的ないじめ，集団心理からエスカレートして止めることが困難になった集団いじめや，暴行・恐喝などの犯罪行為にいたるまでがひとくくりに「いじめ」として議論される。これらに加え，最近では，メールトラブルやネットいじめも生じており，保護者からも学校の教師からも見えにくい問題が次々と起こっている中

で，実際の家庭や教育現場の対応は追いついていない感がある。また，いじめなどによる傷つきの深さは，傷ついた子どもがたまたまそのときにもっているストレスレベルや対処スキルによっても異なってくるので，客観的把握は困難であり，親，教師やカウンセラーはより深い内面への理解への努力が必要である。

　学校でのいじめ対応を巡っては，しばしば混乱が生じる。ある子どもが学校での傷つきを家庭で訴え，親はいじめであると認識して学校に対策を求めたとする。教師がそのことをいじめとは思えないと考えていると，親からは隠蔽していると解釈され，ひとつまちがうと保護者と学校が敵対関係のような構図になる。また，内弁慶というのはよくあるが，子どもの中には最近の特徴として，外弁慶の子どもの存在もみうけられる。学校での傍若無人ぶりが想像もつかないほど，家庭ではよい子でふるまっており，親は夢にも自分の子どもがいじめる側に回っていたり，学級崩壊の核になっていたりするとは思わない。親からすれば，言いがかりということになる。少子化，親の大きな期待，習い事，受験と，家庭に管理され続けてきた子どもにしてみれば，教室こそ発散できる場となっていたりする。このように，学校のさまざまな問題を巡っては，学校に対して親の不信や疑念がかいま見えることもしばしばあり，その対立の狭間で，子ども自身は適切な援助指導を受けがたくなる可能性がある。

　また，学校組織などが集団としてまとまって方針を出し対策を立てるのには，日常の業務の上に会議でさまざまな議論をするというプロセスが必要であるし，出した方針を周知徹底するにも一定の時間がかかる。わが子のことで焦りを感じている親からするとすべて対応が遅く感じられ，そのようなテンポのズレや温度差が誤解や不信感を生み，問題を膠着させる悪循環を生む。

　親が信頼できないと見なす学校に不安の強い不登校傾向の子どもはますます行きにくくなり，親が信頼できないと見なす教師の指導に攻撃的な子どもはますます従わない。皆が疲労困憊していく。そして子どもが「この世の葛藤はどのみち解決できない」というメッセージだけを受け取っているとしたら，寂しいことである。

　スクールカウンセラーとしてはこのような全体の構図を見ながら，今生じて

いるいじめ問題を解決しようとする当事者に「だれも悪くない，ただ悪循環がある。それぞれの子どもが自分の課題に取り組める環境を，大人たちがみんなで創ろう，その鍵は誰もがそれぞれ握っている」との見方に立ち，それぞれがあまり無理なく取り組めることをいっしょに探すことから始めることになる。

▶ **2 不登校の現状**

　不登校の発生件数については，平成18年度間の「不登校」を理由とする30日以上の長期欠席児童生徒数は12万7千人（4千人増加）となっている。この調査では「不登校児童生徒」とは，何らかの心理的，情緒的，身体的あるいは社会的要因・背景により，登校しないあるいはしたくともできない状況にあるため年間30日以上欠席した者のうち，病気や経済的な理由による者を除いたものと定義される。平成3年度の統計と比較すると，この15年で，全生徒数に対する不登校児童の割合は小学校は0.14％から0.33％に倍増，中学では1.04％から2.86％と，3倍に迫る比率になっている。小学校ではおよそ300人に1人の不登校児童，中学校では35人に1人の不登校生徒がいることになる。ただしこの数字には，保健室や相談室などへの別室登校や，適応指導教室やフリースクールに顔を出している（本来所属している学校の教室には出席できていない）ことによって，出席扱いとなっている児童生徒の数が含まれておらず，実際にはもっと多くの児童生徒が本来所属している教室での学校生活をおくれていないのではないかという指摘もある（石川，2000）。かつて，優等生の息切れ型といわれる神経症・抑鬱反応の不登校が中心問題であった時期に，不適切・過剰な登校刺激のために状態が悪化する事例報告が多くあり「不登校は見守るべき」「ゆっくり休むことが大切」といった対応が主流化した。しかし見守るという名目で放置され，適切な支援が得られず不登校が長期化し，休めば休むほどますます登校が困難になるという悪循環に陥るケースがあることが問題となった。フリースクール，別室登校などの対応が工夫されているが，これらの子どもにやさしい対応がかえって子どもの成長を阻害するケースもあるという指摘もある（石川，2000）。

　一方高等学校は中途退学，原級留置としてカウントされている中に，不登校

が含まれている。高等学校の場合，学校によって進級の条件には多少の違いがあるが，一般に出席すべき授業時数の1/3を超える欠課があると単位が不認定になる。欠席日数が1/3を超えなくても，遅刻を重ねて進級できなくなることも多々あり，その結果中途退学，進路変更を余儀なくされる。

　全国の公立私立を合わせた中途退学者が12万人にのぼり，1,000人の生徒のいる学校が12校消える状況となったのは平成元年ころのことである。この当時の中退率は生徒全体の2.2%で，少子化のため，平成18年の中退者は約7万7千人と減少しているように見えるが，中退率は2.2%のままかわっていない（文部科学省，2007）。

　このようななかで，公立私立の通信制高校，単位制高校，高等学校卒業資格認定試験（通称高認，従来の大検）などへの切り替え，あるいは，少子化のなかで不登校傾向の生徒を受け入れることに積極的になった私学への転校・再入学など，高校や大学進学に関しての再チャレンジの道はどんどん開かれている現状もある。学習塾や予備校も，個別指導を含めた不登校対応に積極的になっており，本人が挫折を乗り越えようと意欲を出し始め，家庭がそれらにかかるコストをいとわなければ，学業を続ける道は20年前と比べればずいぶん選択肢が広がっている。大学全入時代到来ともいわれ，大学・学部を選ばなければ，大学進学自体は容易となった。ただし，それが本当に社会に出て生活していく力を身につけ，社会に出て行くためのモラトリアム期間として意味のある過ごし方ができているのかは，なかなか見きわめにくい。

　さらにその先を見ると，大学を出て新採用から3年以内の離職が多くなっていることも問題になっている。厚生労働省の報告では，3年以内に離職する新規学卒就職者の割合は，中学卒で7割，高校卒で5割，大学卒で3割にものぼる。中途採用を積極的に行なう企業も増えているとはいえ，離職した若者が元気に再就職に向かっていけるのか，あるいはその挫折から立ち直れないまま引きこもったり，社会的弱者となるケースが多いのか，まだはっきり判断はつかない。

　昨今のワーキングプアの問題・格差社会など，子どもたちにとってはそんなに遠くない将来に待ちかまえている現実が，子どもたちとその家族にとってどのように映っているかということも影響する。環境問題，世界の紛争，高齢化

社会と年金問題，親世代の感じ始めている不安感・閉塞感が子どもたちにもプレッシャーとなっていることを，筆者も感じている。インターネットの溢れる情報の中で，自分たちの住む世界は汚いとすでに絶望している中学生もいる。

2003年に出版された13歳のハローワークという本が話題になった。内容についての評価はわかれるものの，中学生に向けて社会的経済的に自立して生きていくために，いい学校いい会社という高学歴一辺倒の価値観を見直し，自分の将来の仕事について考えていこうという提案には，新鮮さを感じた方もあると思う。多様な生き方を視野に入れることも，大切な視点と思える。大好きなことを仕事にしていこうと夢見ることは，今を踏ん張っていく支えになる。そして，職をもって自立するまでには，今の日本では少なくとも中学まで，できれば高校まで学校に行った方がよい。学校には一定の枠があり，その中にいると「今が楽しいからやっていける」時もあれば，「今はつらいけれど，夢のためにがんばれる」時もある。枠や外からの要請がないところで，踏ん張って努力したり，こつこつと勉強したりできる人というのは，ごくごく少数派であろう。何らかの枠が，成長していくためには必要である。

他方，親方に弟子入りして多少の給料をもらいながら手に職をつける道は現在ではほとんど見えてこない。手に職をつけるためには進学し，高額の授業料を大学や専門学校に支払わなければならなくなり，コストを将来的に回収できるか疑わしいと思えるようなケースもでてくる。今の日本では，多くの業種で職人の手仕事の価値が低く見積もられ，経済的社会的に報われないことが多い。学校のような大勢の人とすごす状況は苦手でも，きちんとしたプロの職人として誇りをもって生きていくことが向いていると思えるような子どももいる中，そういった自立の道は狭くなった。能力は高いが対人関係に障害のある子どもたちの受け皿として，接客・営業ではない道を探す援助が必要である。将来引きこもりやニートになるのではないか，あるいはその結果として反社会的な問題を起こすようになるのではないかという親の強烈な不安感が，焦りやいらだちとなって，今の子どもに適切な導きをすることの妨げになっているケースにも出合う。

3節　学校という枠

　改めて考えてみると，子どもたちにとって，学校に通うことを通して得られるものは何だろう。将来ますます多様になる世の中の変化に対応できていくための基本的な力というのはどのようなものなのだろう。筆者としては基本的に次のように考えている。

①将来の社会人としての自立や，手応え・生き甲斐のある生活をしていくための能力・仕事力の土台としての学力を養う
②心理社会的な発達課題として，自我同一性を達成するための同世代集団にコミットすること
③人間関係をもち，対人関係のスキルを身につけ，またそこで生じる葛藤を乗り越えていく力を養う
④自分の心身の健康を維持し増進する，また，自分にあったストレスに対処を身につける
⑤失敗から学ぶ力，失望・絶望の中に希望を見いだす力を身につける

　そして，これらのことを子どもは学校という器の中で，それぞれに自分なりの冒険・チャレンジをしながら体験的に身につけていくのである。

▶1　いじめや不登校と，子どもの成長

　いじめという問題は，つねに身近にある。それは，エスカレートしないうちに解決するよう取り組むべき対象であるし，明らかになったものに対して，きちんとした指導を行ない，子どもに同じことをくり返させないことは絶対に必要なことである。しかし，いじめ発生可能性をゼロにすること自体は不可能である。人間が感情をもつ以上，好き嫌いを感じないわけにないかない。嫌うこと，嫌われること，傷つけてしまうこと，傷ついたと感じること自体は，けっしてなくなりはしない。それは，大人の世界でも，家族関係でも例外ではない。

　複数の人間が共存していこうとするなら，そこにはさまざまな利害や交流が生じるのが当然であるし，協力と競争はどちらも避けられない。特に発達過程

にある子どもたちにとっては，同世代の子どもたちとの生活を通して，お互いに比較し合いながら自分自身の存在を確認する作業は必要なプロセスである。

　地面を踏みしめて自分の存在を自分の体で実感し確認することは基本的に大切であるが，それだけでは，児童期・思春期の子どもたちは自己イメージをとらえることは困難である。鏡になってくれる存在が必要であり，自分の言動に反応してくれる相手がいなければ，子どもたちは自分の姿を確かめ，心の成長を実感していくことは困難である。

　豊かな人間関係とは，ただ安楽に居心地のよい世界に住むことではない。たとえば，安心してけんかができる，多様な個性をもつ人たちとの葛藤が経験できる，さらにそれを乗り越えられる，理解できなかった他者の個性を受け入れられるようになる，そんな中で，成長した自分のことがもっと好きになるといった，刺激的でダイナミックな人間関係こそが豊かな人間関係である。その中で，筆者自身は失敗から学ぶ力，絶望の中に希望を見いだす力をつけるという視点を大切だと考えている。

　いじめの問題も，不登校の問題も，学童期から思春期の子どもたちの問題であるが，彼らにとっての援助で大切なことの1つは，彼らが今直面している問題や悩みというものが言い古され使い古されたありふれた問題として扱われる時には，彼らの傷ついている自尊感情を回復する妨げになるということであると筆者は多くの事例を経験するほどに感ずるようになった。

　若者はいつも「今の若い者は」と非難される。かつて若者だったすべての人が人生の先輩たちからそのように揶揄されてきた。そして，自分のオリジナルな「失敗も含めた体験」を自分で乗り越えたと自負できるときに，自分自身の成長する力を実感できる。そのようにして得た自信，自尊感情は，簡単に他者からの情報として与えられた解決法によるよりも確かなものとなる。

　「わかったわかった，知ってる知ってる」と表現される，簡単に与えられた情報は，じつは本当には行動の変化をもたらさないことが多い。「ああっ！そうだ！」と，感情・体が揺さぶられるような「気づき」「納得」「洞察」を得てようやく，人の実際の行動や考え方の習慣は変化する。コミュニケーションスキルや，ソーシャルスキルなども，人は成長過程の中で身につけていくのだが，「こんな時にはこんな風に謝るとよかったのだ！」といった，重要なスキ

ルは，多少の「揺さぶられ体験」なり「腑に落ちる」プロセスがあって初めて身につく。彼らには体験が必要であり，そこで自ら創意工夫して学ぶことが大切なのだ。そして，さまざまな経緯で，適応が困難になるケースには，心理的支援を必用に応じて行なうことになる。

▶ 2　スクールカウンセリングの目的

　スクールカウンセリングを行なう目的は，一言で言えば子どもたちの心の成長をサポートすることである。前述したように，周囲の大人の葛藤をほぐし，悪循環を止めることも，子どもの成長しやすい環境を整える支援の1つである。

　つまずき，不適応を起こしている子どもに対しては，次のような視点を念頭に，本人の取り組みやすいところから「手をつけさせていく」ことをうながす。
①不適応感や人間不信に打ちのめされ，萎縮し，ひきこもる方向にいる子には，一定の安全感が確保できる環境を整えたうえで，「自分に力をつけることに楽しみを見いだそう，そして，他者と出会ってみよう」と働きかける。
②いじめや問題行動を起こす方向にいる子には，「もやもやした感情を自分や他者を傷つける発散の仕方で表現するのでなく，自分の感情をいったん自分の中に抱え，必要な助けを求めたり，できるだけ健全な発散ができるようになろう」と働きかける。

　また，不登校のケースの場合，筆者自身のかかわる学校では，保健室登校や別室登校を教室という頂上にアタックするための「ベースキャンプ」とはっきりと位置づけて，積極的に活用している。「自分にあったやり方で，自分にあったペースで，そこからアタックしていこう」と働きかける。
　保健室などの別室を学校への帰属感がもてる安心安全な居場所として機能させ，教室への再デビューのチャンスをねらう待機場所という位置づけである。そこから巣立つことを支援する学校ぐるみの取り組み体制を整えることがなければ，別室に放置されている状況になりかねない。担任との面談や連絡ノート，本人と親のカウンセリング，別室仲間の人間関係への配慮，クラスへの配

慮，お互いに負担にならないよう配慮しながらのクラスメイトとの交流，テスト対策や提出物対策，外部医療機関との連携，など気を配らなければならないことは多々ある。誰かに過剰な負担がかからないように配慮しながら，緩やかにチームをつくって，子ども自身が立てた目標を，クリアできるようにサポートするのである。

　このような取り組みが実質的に機能するようになるまでには，長期にわたる関係者の創意工夫の積み重ねがあってのことである。うまくいくことが当事者のやる気を出させ，子どもの成長した姿に，すべての苦労が報われる。そしてまた，うまくいかないことが，新しい創意工夫を刺激する。不登校，不適応だった生徒が教室復帰して卒業してゆく。進路変更を余儀なくされた生徒が，元気でやっていることを報告しに文化祭に現われる。

　筆者のかかわる学校にはその学校のもつ特色があり，それを生かしているということもある。筆者は，私立中学・高校でスクールカウンセラーとしてかかわり，彼らの多くが進学する大学でも講師としていくつか授業を教えている。不登校，不適応だった生徒が教室復帰して卒業してゆく。そして，やがて筆者の授業に登録してくることもある。荒れ狂っていじめっ子だった子どもが，なかなかすてきな大学生になっていたりする。不登校，保健室登校，教室復帰に２年間を要した子どもが，元気に大学の授業であいさつに来る。このように数年にわたってかかわり子どもの成長力と回復力を実感できる場で仕事ができるのはカウンセラーとしては本当に恵まれていると感じる。

▶3　インターネット・携帯電話，ゲーム，その他

　最後になるが，今学校から見えにくい問題として，インターネット，携帯電話にまつわるトラブルがある。インターネットと携帯が生徒の支援に活用されている一方で，それ以上の危険・トラブルが起こっているのも事実である。従来ではなかった事態が進行している。多くの生徒がブログを書き，学校外のネットワークをもつようになり，そこで励まし合い，支え合っている。またそこで，ネットいじめやトラブルが起こる。

　元気だった子どもに，遅刻や欠席が増え始めたきっかけが，ネットゲームへの熱中・依存のための夜更かしであったりする。体調を崩して，保健室によく

現われるようになった高校生は，自分のHPに書き込まれる相談に懸命に返事を書き，相談にのり，ハンドルネームしか知らない誰かの自殺防止に心を痛めていた。

以前なら，不登校で一時学校を休むことが学校の葛藤から離れて，自分を取り戻す休息として機能し，子どもはやがて退屈してきたものだった。今は，学校を休んでいても，友人たちのブログをのぞくと，自分のいない学校でみんながよろしくやっているらしいようすが飛び込んでくる。休んでいても休息にならない。

リストカットは子どもの葛藤の表現として，今やメジャーな手法になった。ダイエット志向はいつどの子が摂食障害に陥っても不思議ではない状況である。氾濫する情報の中で，子どもが体験に根ざさない知識の渦の中にいる。学校の枠の中で，多少辛抱しながら乗り越えていくことが望ましい課題から子どもが逃避して，短絡的・依存的対処を選択しやすい時代なのである。

これら，進行しているいろいろな事態に，予防教育的取り組みも必要性が増している。ストレスマネジメント教育，感情教育，性教育，インターネットに関するマナー教育など，取り組む課題はつねに私たちの前にある。大人自身がこれらの事態をどう学び，どう取り組むか，これもまた生涯教育の1つのテーマである。失敗から学び，絶望の中に希望を見い出すことは，まさに私たち自身の課題である。

【参考となる文献】

石川瞭子　2000　不登校と父親の役割　青弓舎
石川瞭子　2002　不登校から脱出する方法　青弓舎
京都市教育委員会　1996　いじめ指導読本
佐藤修策　2005　不登校（登校拒否）の教育・心理的理解と支援
松木　繁　宮脇宏二　高田みぎわ（編）　2004　教師とスクールカウンセラーによるストレスマネジメント教育　あいり出版
正高信男　1998　いじめを許す心理　岩波書店
村上　龍　2003　13歳のハローワーク　幻冬舎
文部科学省　2007　ホームページ http://www.mext.go.jp/ （統計情報）
吉川　悟（編）　システム論から見た学校臨床　1999　金剛出版

引用・参考文献

第1章

Campos, J.J., Kermoian, R., Witherington, D., Chen, H. & Dong, Q. 1997 Activity, Attention, and Developmental transitions in infancy. In P.J. Lang, R.F. Simons & M. Balaban（Eds.）, *Attention and orienting*. New Jersey: LawrenceErlbaum Associates. Pp.393-415.

Campos, J.J., Langer, A. & Krowitz, A. 1970 Cardiac responses on the visual cliff in prelocomotor human infants. *Science*, 170, 196-197.

Campos, J.J., Kermoian, R. & Zumbahlen, M.R. 1992 Socioemotionaltranfomations in the family system following infant crawling onset. In N.Eisenberg, & Fabes, R.A.（Eds.）, Emotion and its regulation in early development. *New Directions for Child Development*, 55, 25-40.

Gibson, E.J. & Walk, R. 1960 The "visual cliff" *Scientific American*, 202, 64-71.

Harris, J.R. 1998 *The nurture assumption*. New York: The Free Press.

Heckhausen, H. 1984 Emergent achievement behavior: Some early developments. In J.Nicholls（Ed.）, *Advances in motivation and achievement*: Vol.3. The development of achievement motivation. CT: JAI Pres. Pp.1-32.

Hoffman, M.L. 2000 *Empathy and moral development: Implications for caring and justice*. Cambridge University Press. 菊池章夫・二宮克美訳 2001 共感と道徳性の発達心理学 川島書店

Kagan, J. 1981 *The second year: The emergence of self-awareness*. Cambridge: Cambridge Press.

Moos, R., & Moos, B. 1986 *Family Environment Scales Manual*. 2nd ed. CA: Consulting Psychologists Press.

Repacholi, B. & Gopnik, A. 1997 Early reasoning about desire: Evidence from 14- and 18-month-olds. *Developmental Psychology*, 33, 12-21.

Saarni, C., Mumme, D.L. & Campos, J.J. 1998 Emotional development: Action, Communication, And understanding. In W.Damon & N.Eisenberg（Eds.）, *Handbook of child psychology*. 5th ed. Vol.3, Social, emotional, and personality development. New York: John Wiley and Sons. Pp.237-309.

佐藤鮎美・内山伊知郎 2007 絵本共有の効用 荒木紀幸（編）教育心理学の最前線―自尊感情の育成と学校生活の充実― あいり出版 Pp.57-58.

Schwartz, A.N., Campos, J.J. & Baisel, E.J. 1973 The visual cliff: Cardiac and behavioral responses on the deep and shallow sides at five and nine months of age. *Journal of Experimental Child Psychology*, 15, 86-99.

Sorce, J.F., Emde, R.N., Campos, J.J. & Klinnert, M.D. 1985 Maternal emotional signaling: Its effect on the visual cliff behavior of 1-year-olds. *Developmental Psychology*, 21, 195-200.

Stipek, D. 1995 The development of pride & shame in toddlers. In J.Tangney & K.Fischer（Eds.）, *Self-conscious emotion: The psychology of shame, guilt, embarrassment and pride*. New York: Guilford Press. Pp.237-252.

高塩純一・口分田政夫・内山伊知郎・Campos, J.J.・Anderson, D.I. 2006 姿勢制御・粗大運動機能に障害をもった子どものための機器開発 ベビー・サイエンス, 6, 16-23.

Young, S.K., Fox, N.A., & Zahn-Waxler, C. 1999 The relations between temperament and empathy in 2year-olds. *Developmental Psychology*, 35,1189-1197.

第 2 章

荒木紀幸　1988　役割取得検査マニュアル　(株)トーヨーフィジカル
荒木紀幸　1993　道徳性の発達と教育　荒木紀幸（編）　道徳性の測定と評価を生かした新道徳教育　明治図書　Pp.7-20.
荒木紀幸　1997　続 道徳教育はこうすればおもしろい―コールバーグ理論の発展とモラルジレンマ授業　北大路書房
荒木紀幸・松尾廣文　1992　中学生版社会的視点取得検査の開発　兵庫教育大学研究紀要, 12, 63-86.
荒木紀幸・武川 彰　1985　役割取得能力段階評定マニュアル　兵庫教育大学道徳性発達研究会
有光興記　2006　罪悪感, 羞恥心と共感性の関係　心理学研究, 77, 97-104.
浅川潔司・松岡砂織　1987　児童期の共感性に関する発達的研究　教育心理学研究, 35, 231-240.
Baumeister, R.F., Stillwell, A.M., & Heatherton, T.F.　1994　Guilt: An interpersonal approach. *Psychological Bulletin*, 115, 243-267.
Davis, M.H.　1983　Measuring individual differences in empathy: Evidence for a multidimensional approach. *Journal of Personality and Social Psychology*, 44, 113-126.
出口保行・斉藤耕二　1991　共感性の発達的研究　東京学芸大学紀要第1部門, 42, 119-134.
Eisenberg, N.　1992　*The caring child*. Cambridge, England: Harvard University Press.　二宮克美・首藤敏元・宗方比佐子（共訳）1995　思いやりのある子どもたち―向社会的行動の発達心理　北大路書房
Eisenberg, N., & Mussen, P.H.　1989　*The roots of prosocial behavior in children*. Cambridge, England: Cambridge UniversityPress.
Geiger, K.M., & Turiel, E.　1983　Disruptive school concepts of social convention in early adolescence. *Journal of Educational Psychology*, 75, 677-685.
Hoffman, M.L.　1975　Moral internalization, parental power, and the nature of parent-child interaction. *Developmental Psychology*, 11, 228-239.
Hoffman, M.L.　2000　*Empathy and moral development: Implications for caring and justice*. Cambridge, England: Cambridge UniversityPress.　菊池章夫・二宮克美（訳）2001　共感と道徳性の発達心理学―思いやりと正義とのかかわりで　川島書店
Hudson, L.M., Forman, E.A., & Brion-Meisels, S.　1982　Role-taking as a predictor of prosocial behavior in cross-age tutors. *Child Development*, 53, 1320-1329.
石川隆行　2003　社会性の発達　福屋武人（編）　幼児・児童期の教育心理学　学術図書出版社　p.122.
石川隆行・内山伊知郎　2001a　5歳児の罪悪感に共感性と役割取得能力が及ぼす影響について　教育心理学研究, 49, 60-68.
石川隆行・内山伊知郎　2001b　児童期中期の罪悪感と共感性および役割取得能力の関連　行動科学, 40, 1-8.
石川隆行・内山伊知郎　2002　青年期の罪悪感と共感性および役割取得能力の関連　発達心理学研究, 13, 12-19.
伊藤順子　2006　幼児の向社会性についての認知と向社会的行動との関連：遊び場面の観察を通して　発達心理学研究, 17, 241-251.
Kohlberg, L.　1969　Stage and sequence: The cognitive-developmental approach to socialization. In D.A. Goslin（Ed.）, *Handbook of socialization theory and research*. Chicago: Rand McNally. Pp.347-480.
Leith, K.P., & Baumeister, R.F.　1998　Empathy, shame, guilt, and narratives of interpersonal conflicts: Guilt-prone people are better at perspective taking. *Journal of Personality*, 66, 1-37.
宗方比佐子・二宮克美　1985　プロソーシャルな道徳的判断の発達　教育心理学研究, 33, 157-164.
Piaget, J.　1932　*Le Jugement moral chez l'enfant*. Paris: Co-Diedteur de l'Institnt J.J. Rousseau.　大伴　茂

引用・参考文献

　　　　　　（訳）　1957　児童道徳判断の発達　臨床児童心理学　同文書院
Reimer, J., Paolitto, D.P., & Hersh, R.H.　1990　*Promoting moral growth: From Piaget to Kohlberg*. Illinois: Waveland Press.　野本玲子（訳）　2004　第5章　道徳教育の方法：教師の役割　荒木紀幸（監訳）　道徳性を発達させる授業のコツ―ピアジェとコールバーグの到達点　北大路書房　Pp.112-203.
桜井茂男　1986　児童における共感と向社会的行動の関係　教育心理学研究, 34, 342-346.
Selman, R.L. 1976　Social-cognitive understanding. A guide to educational and clinical practice. In T. Lickona（Ed.）, *Moral development and behavior*. New York: Holt. Pp.299-316.
首藤敏元　1985　児童の共感と愛他行動：情動的共感の測定に関する探索的研究　教育心理学研究, 33, 226-231.
首藤敏元　1992　領域特殊理論―チュリエル　日本道徳性心理学研究会（編）道徳性心理学―道徳教育のための心理学　北大路書房　Pp.133-144.
首藤敏元　1994　思いやり行動の発達心理　児童心理, 48, 16-22.
Smetana, J.G.　1988　Adolescents' and parents' conceptions of parental authority. *Child Development*, 59, 321-335.
Smetana, J.G., & Braeges, J.L.　1990　The development of toddlers' moral and conventional judgments. *Merrill-Palmer Quarterly*, 36, 329-346.
Tisak, M.S., & Turiel, E.　1988　Variation in seriousness of transgressions and children's moral and conventional concepts. *Developmental Psychology*, 24, 352-357.
Turiel, E.　1983　*The development of social knowledge: Morality and convention*. Cambridge, England: Cambridge UniversityPress.
渡辺弥生　2001　VLFによる思いやり育成プログラム―Voices of love and freedom　図書文化社
渡辺弥生・瀧口ちひろ　1986　幼児の共感と母親の共感との関係　教育心理学研究, 34, 324-331.
山岸明子　1976　道徳判断の発達　教育心理学研究, 24, 97-106.
Zahn-Waxler, C., Radke-Yarrow, M., & King, R.A.　1979　Child rearing and children's prosocial initiations toward victims of distress. *Child Development*, 50, 319-330.

第3章
東　洋　1969　知的行動とその発達　岡本夏木・古沢頼雄・高野清純・波多野誼余夫・藤永　保（編）　児童心理学講座4　認識と思考　金子書房　Pp.3-24.
安藤寿康　2000　心はどのように遺伝するか―双生児が語る新しい遺伝感　講談社
Bennett, E.L., Rosenzweig, M.R., & Diamond, M.C.　1969　Rat brain: Effects of environmental enrichment on wet and dry weights. *Science*, 163, 825-826.
Bettelheim, B.／中野善達（訳）1978　狼っ子たちを追って　福村出版
Diamond, M.C.　1988　*Enriching heredity: The impact of the environment on the anatomy of the brain*. New York: Free Press.　井上昌次郎・河野栄子（訳）　1990　環境が脳を変える　どうぶつ社
Harlow, H.F.　1962　*Learning to love*. California: Albion Publishing Company.　浜田寿美男（訳）　1978　愛のなりたち　ミネルヴァ書房
Hess, E.H.　1959　Imprinting. *Science*, 130, 133-141.
Iso, H., Shimoda, S., & Matsuyama, T.　2007　Environmental change during postnatal development alters behavior, cognitions and neurogenesis of mice. *Behavioural Brain Research*, 179, 90-98.
Itard, J.M.G.／中野善達・松田　清（訳）　1978　新訳アヴェロンの野生児　福村出版
Jensen, A.R.　1968　Social class, race, and genetics: Implications for education. *American Educational Research Journal*, 5, 1-41.
金城辰夫　1996　学習心理学：学習過程の諸原理　放送大学教育振興会

Lorenz, K. 1983 *The King Solomon's Ring*. Munich, Deutshcer: Taschenbuch Verlag GmbH. 日高敏隆（訳） 1987 ソロモンの指輪——動物行動学入門 早川書房

Nilsson, M., Perfilieva, E., Johansson, U., Orwar, O., & Eriksson, P.S. 1999 Enriched environment increases neurogenesis in the adult rat dentate gyrus and improves spatial memory. *Journal of Neurobiology*, 39, 569-578.

大日向雅美 2000 母性愛神話の罠 日本評論社

Scarr, S., & Weinberg, R.A. 1976 IQ test performance of black children adopted by white families. *American Psychologist*, 31, 726-739.

Singh, J.A.L. 1942 Wolf-children and feral man. Harper & Brothers. 中野善達・松田　清（訳） 1977 狼に育てられた子 福村出版

Watson, J.B. 1930 *Behaviorism (Revised Edition)*. Chicago: The University ChicagoPress.

第4章

Aoyama, K., & McSweeney, F.K. 2001 Habituation may contribute to within-session decreases in responding under high-rate schedules of reinforcement. *Animal Learning & Behavior*, 29, 79-91.

Crespi, L.P. 1942 Quantitative variation of incentive and performance in the white rat. *American Journal of Psychology*, 55, 467-517.

Deci, E.L. 1971 Effects of externally mediated rewards on intrinsic motivation. *Journal of Personality and Social Psychology*, 18, 105-115.

Ferster, C.B., & Skinner, B.F. 1957 *Schedules of reinforcement*. New York: Appleton-Century-Crofts.

Herrnstein, R.J. 1961 Relative and absolute strength of response as a function of frequency of reinforcement. *Journal of the Experimental Analysis of Behavior*, 4, 267-272.

伊藤正人 2005 行動と学習の心理学 日常生活を理解する 昭和堂

実森正子・中島定彦 2000 学習の心理——行動のメカニズムを探る コンパクト新心理学ライブラリ サイエンス社

Mazur, J.E. 1998 *Learning and Behavior*. 4th ed. EnglewoodCliffs, NJ: Prentice-Hall. 磯　博行・坂上貴之・川合伸幸（訳） 1999 メイザーの学習と行動 日本語版第2版 二瓶社

McSweeney, F.K. 2004 Dynamic changes in reinforcer effectiveness: Satiation and habituation have different implications for theory and practice. *Behavior Analyst*, 27, 177-188.

大河内浩人・松本明生・桑原正修・柴崎全弘・高橋美保 2006 報酬は内発的動機づけを低めるのか 大阪教育大学紀要4 教育科学，54, 115-123.

第5章

Abramson, L.Y., Seligman, M.E.P., & Teasdale, J.D. 1978 Learned helplessness in humans: critique and reformulation. *Journal of Abnormal Psychology*, 87, 49-74.

荒木友希子 2001 大学進学率に差のある高等学校における生徒の原因帰属過程について 社会環境研究，6, 13-22.

Brown, J., & Weiner, B. 1984 Affective consequences of ability versus effort ascriptions: Controversies, resolutions, and quandaries. *Journal of Educational Psychology*, 76, 146-158.

Coon, D. 2004 *Introduction to Psychology: Gateways to mind and behavior*. 10th ed. Belmont, CA: Wadsworth. p.565.

Covington, M.V. 1992 *Making the grade: A self-worth perspective on motivation and school reform*. New York: Cambridge University Press.

Covington, M.V., & Omelich, C.L. 1979 Effort: The double-edged sword in school achievement. *Journal of Educational Psychology*, 71, 169-182.

Dweck, C.S. 1975 The role of expectations and attributions in the alleviation of learned helplessness. *Journal of Personality and Social Psychology*, 31, 674-685.

牧　郁子・関口由香・山田幸恵・根建金男　2003　主観的随伴経験が中学生の無気力感に及ぼす影響──尺度の標準化と随伴性認知のメカニズムの検討　教育心理学研究，51, 298-307.

文部科学省・国立教育政策研究所　2007　10月24日『平成19年度全国学力・学習状況調査の調査結果について』　http://www.mext.go.jp/b_menu/houdou/19/10/07102313.htm

Nicholls, J.G. 1984 Achievement motivation: Conceptions of ability, subjective experience, task choice, and performance. *Psychological Review*, 91, 328-346.

Overmier, J.B., & Seligman, M.E.P. 1967 Effects of inescapable shock on subsequent escape and avoidance learning. *Journal of Comparative and Physiological Psychology*, 63, 28-33.

櫻井茂男　1990　内発的動機づけのメカニズム──自己評価的動機づけモデルの実証的研究　風間書房

Seligman, M.E.P., & Maier, S.F. 1967 Failure to escape traumatic shock. *Journal of Experimental Psychology*, 74, 1-9.

Seligman, M.E.P., Maier, S.F., & Geer, J.H. 1968 Alleviation of learned helplessness in the dog. *Journal of Abnormal Psychology*, 73, 256-262.

指定都市教育研究所連盟（編）　2006　指定都市教育研究所連盟第14次共同研究 教育の確かな営みを推し進めていくために──今を生きる子どもたちの思いや姿をさぐる　指定都市教育研究所連盟　p.90.

Stipek, D. 1981 Children's perceptions of their own and their classmates' ability. *Journal of Educational Psychology*, 73, 404-410.

第6章

Ames, C. 1992 Classrooms: Goals, structures, and student motivation. *Journal of Educational Psychology*, 84, 261-271.

Ames, C., & Archer, J. 1988 Achievement goals in the classroom: Student' learning strategies and motivation processes. *Journal of Educational Psychology*, 80, 260-267.

Atkinson, J.W. 1964 *An introduction to motivation*. Princeton, NJ: Van Nostrand.

Atkinson, J.W. 1974 The mainstream of achievement-oriented activity. In J.W. Atkinson & J. O. Raynor (Eds.), *Motivation and achievement* (pp. 13-41). New York: Halstead.

Atkinson, J.W. & Feather, N. T. 1966 *A theory of achievement motivation*. New York: Wiley.

Deci, E.L. 1971 Effects of externally mediated rewards on intrinsic motivation. *Journal of Personality and Social Psychology*, 18, 105-115.

Deci, E.L. 1972 Intrinsic motivation, extrinsic reinforcement, and inequity. *Journal of Personality and Social Psychology*, 22, 113-120.

Deci, E.L. 1975 *Intrinsic Motivation*. New York: Plenum Press.　安藤延男・石田梅男（訳）1980　内発的動機づけ　誠信書房

Dweck, C.S. 1986 Motivational processes affecting learning. *American Psychologist*, 41, 1040-1048.

Dweck, C.S., & Elliott, E.S. 1983 Achievement motivation. In P.H. Mussen, & E.M. Heatherington (Eds.), *Handbook of Child Psychology* Vol. 4. *Socialization, Personality*, and *Social Development*. New York: Wiley.

Lepper, M.R., Greene, D., & Nisbett, R.E. 1973 Undermining children's intrinsic interest with extrinsic rewards: A test of the overjustification hypothesis. *Journal of Personality and Social Psychology*, 28, 129-137.

Maslow, A.H. 1970 *Motivation and personality*. New York: Van Nostrand.

Murray, H.A. 1964 *Motivation and emotion*. Englewood Cliffs, NJ: Prentice-Hall.　八木　冕（訳）1966

動機と情緒　岩波書店
三木かおり・山内弘継　2005　教室の目標構造の知覚，個人の達成目標志向，学習方略の関連性　心理学研究，76, 260-268.
外山みどり　1994　帰属過程　古畑和孝（編）社会心理学小辞典　有斐閣
Weiner, B.　1972　*Theories of motivation*. Chicago: Rand McNally.
Yamauchi, H., & Miki, K.　2000　Effects of students' perception of teachers' and parents' attitudes on their achievement goals and learning strategies. *Psychologia*, 43, 188-198.
Yamauchi, H., & Miki, K.　2003　Longitudinal Analysis of the Relations between Perceived Learning Environment, Achievement Goal Orientations, and Learning Strategies: Intrinsic-Extrinsic Regulation as a Mediator. *Psychologia*, 46, 1-18.

第7章

Berger, D.F., Lombardo, J.P., Jeffers, P.M., Hunt, A.E., Bush, B., Casey, A., & Quimby, F.　2001　Hyperactivity and impulsiveness in rats fed diets supplemented with either Aroclor 1248 or PCB-contaminated St. Lawrence river fish. *Behavioural Brain Research*, 126, 1-11.
Carson, R.　1962　*Silent Spring*. Boston: Houghton Mifflin.　青樹簗一（訳）　1974　沈黙の春　新潮文庫
Chen, Y.J., & Hsu, C.C.　1994　Effects of prenatal exposure to PCBs on the neurological function of children: A neuropsychological and neurophysiological study. *Developmental Medicine and Child Neurology*, 36, 312-320.
Colborn, T., Dumanoski, D., & Myers, J.P.　1996　*Our stolen future*. New York: The Spieler Agency, Inc.　長尾　力（訳）　2001　奪われし未来　翔泳社
Corey, D.A., Juárez de Ku, L.M., Bingman, V.P., & Meserve, L.A.　1996　Effects of exposure to polychlorinated biphenyl（PCB）from conception on growth, and development of endocrine, neurochemical, and cognitive measures in 60 day old rats. *Growth, Development & Aging*, 60, 131-143.
ダイオキシン・環境ホルモン対策国民会議　2007　日本におけるダイオキシン類汚染の現状と私たちの提言　ダイオキシン国際NGOフォーラム，2007年9月1日～2日，東京
Hany, J., Lilienthal, H., Roth-Härer, A., Ostendorp, G., Heinzow, B., & Winneke, G.　1999　Behavioral effects following single and combined maternal exposure to PCB77（3, 4, 3', 4'-tetrachlorobiphenyl）and PCB47（2, 4, 2', 4'-tetrachlorobiphenyl）in rats. *Neurotoxicology and Teratology*, 21, 147-156.
Harada, M.　1976　Intrauterine poisoning: clinical and epidemiological studies and significance of the problem. *Bulletin of the Institute for Constitutional Medicine*, 25（Suppl.）, 1-60.
環境省環境保健部環境安全課環境リスク評価室　2007　日本人の血液中ダイオキシン類の状況について
岸　玲子　2003a　神経伝達物質およびその受容体をマーカーとした脳神経系発達期における内分泌かく乱物質の影響解明―検出系の確立と人での評価　平成14年度日本化学工業協会長期自主研究成果中間報告書
岸　玲子　2003b　神経伝達物質およびその受容体をマーカーとした脳神経系発達期における内分泌かく乱物質の影響解明―検出系の確立と人での評価　日本化学工業協会長期自主研究成果報告書
厚生労働省　2003　平成15年6月3日に公表した「水銀を含有する魚介類等の摂食に関する注意事項」について（Q＆A）　厚生労働省ホームページ
　　http://www.mhlw.go.jp/topics/2003/06/tp0613-1.html
Jacobson, J.L. & Jacobson, S.W.　1996　Intellectual impairment in children exposed to polychlorinated biphenyls in utero. *The New England Journal of Medicine*, 335, 783-789.
James, A., & Taylor, E.　1990　Sex differences in the hyperkinetic syndrome of childhood. *Journal of Child*

Psychology and Psychiatry, 31, 437-446.
Porterfield, S.P. 2000 Thyroidal dysfunction and environmental chemicals-potential impact on brain development. *Environmental Health Perspectives*, 108（Suppl. 3）, 433-438.
Schwartz, P.M., Jacobson, S.W., Fein, G., Jacobson, J.L., & Price, H.A. 1983 Lake Michigan fish consumption as a source of polychlorinated biphenyls in human cord serum, maternal serum, and milk. *American Journal of Public Health*, 73, 293-296.
Wada, H. 2006 Hypothyroid rats exhibit attention deficits in a target detection task. *Organohalogen Compounds*, 68, 1454-1457.
和田博美・近藤朋子・岸　玲子　2005　甲状腺ホルモン攪乱作用と次世代影響Ⅱ―DRLLスケジュールの試行間反応　第65回日本動物心理学会（千葉）
Wada, H., Kondo, T., & Kishi, R. 2008 *Response inhibition gives rise to hyperactivity and impulsivity in the hypothyroid rat*.（in preparation）
吉村昌雄　1993　人体汚染―法医学からの検証　金原出版

第8章

Frith,U. 1996 Social communication and its disorder in autism and Asperger syndrome. *Journal of Psychopharmacology*, 10, 48-53.
Goldstein,S., Schwebach, A. 2005 Attention-Deficit/ Hyperactivity Disorder. In S.Goldstein & C.R.Reynolds（Eds.）: *Handbook of neurodevelopmental and genetic disorders in adults*. The GuilfordPress: New York. Pp.115-146.
細川　徹　2002　学習障害（LD）概論―歴史的背景―　小児科診療，65（6），885-889．
Howlin, P., Goode, S., Hutton, J., Rutter, M. 2004 Adult outcome for children with autism. *Journal Child Psychology and Psychiatry*, 45（2），212-227．
Kanner, L. 1943 Autistic Disturbances of Affective Contact. *Nervous Child*, 2, 217-250.
黄　淵熙・細川　徹・阿部芳久　2002　学習障害を対象とする通級指導の実態―言語障害通級指導教室を中心として―　特殊教育学研究，40（1），51-60．
Johnson, M.H. 1997 *Developmental cognitive neuroscience: An introduction*. 2nd ed. Oxford: Blackwell.

第9章

Friedrich, W.N., Greenberg, M.T., & Crnic, K.A. 1983 A Short Form of the Questionnaire on Resources and Stress. *American Journal of Mental Deficiency*, 88, 41-48.
福田恭介・中藤広美　2000　福岡県立大学における発達遅滞児の親訓練プログラムの評価　福岡県立大学紀要，9（1），87-94．
福田恭介・中藤広美・本多潤子・興津真理子　2005　福岡県立大学における発達障がい児の親訓練プログラムの評価　福岡県立大学紀要，13（2），35-49．
免田　賢・伊藤啓介・大隈紘子・中野俊明・陣内咲子・温泉美雪・福田恭介・山上敏子　1995　精神遅滞児の親訓練プログラムとその効果に関する研究　行動療法研究，21, 25-38．
梅津耕作　1982　KBPAC（Knowledge of Behavioral Principles as Applied to Children）日本語版　行動療法研究会
山上敏子（監）　1998　おかあさんの学習室　二瓶社

第10章

American Psychiatric Association 2000 *Diagnostic and Statistical Manual of Mental Disorders DSM-IV-TR Fourth Edition*（*Text Revision*）. Arlington: American Psychiatric Publishing, Inc.　高橋三郎・染矢俊幸・大野　裕（訳）　2003　DSM-IV-TR精神疾患の診断・統計マニュアル　医学書院

Bahrick, L.E., & Lickliter, R. 2000 Intersensory redundancy guides attentional selectivity and perceptual learning in infancy. *Developmental Psychology*, 36, 190-201.

Bortfeld, H., Morgan, J.L., Golinkoff, R.M., & Rathbun, K. 2005 Mommy and me. Familiar names help launch babies into speech-stream segmentation. *Psychological Science*, 16, 298-304.

Decety, J., Chaminade, T., Grezes, J., & Meltzoff, A.N. 2002 A PET exploration of the neural mechanisms involved in reciprocal imitation. *Neuroimage*, 15, 265-272.

Friedson, S.M. 1996 *Dancing Prophets: Musical Experience in Tumbuka Healing*（Chicago Studies in Ethnomusicology）. Chicago: University of ChicagoPress.

呉　東進　2005　発達障害と音楽療法の最前線 第1回自閉症について　theミュージックセラピー　7巻　音楽之友社　Pp.68-69.

呉　東進　2006a　発達障害と音楽療法の最前線　第3回特定不能の広汎性発達障害　theミュージックセラピー　9巻　音楽之友社　Pp.84-85.

呉　東進　2006b　発達障害と音楽療法の最前線　第4回注意欠陥多動性障害と学習障害　theミュージックセラピー　10巻　音楽之友社　Pp.82-83.

Go, T. 2007 Medical music therapy based on baby science（Baby-Science-Based Music Therapy）and assistive technology for children. *Current Pediatric Reviews*, 3, 198-206.

Gold, C., Wigram, T., & Elefant, C. 2006 Music therapy for autistic spectrum disorder（Review）. *Cochrane Database of Systematic Reviews*, Issue 2. Art. No.: CD004381. DOI: 10.1002/14651858.CD004381.pub2.

Hagen, E.H., & Bryant, G.A. 2003 Music and dance as a coalition signaling system. *Human Nature*, 14, 21-51.

Jusczyk, P.W., & Aslin, R.N. 1995 Infants' detection of the sound patterns of words in fluent speech. *Cognitive Psychology*, 29, 1-23.

Kielinen, M., Linna, S.-L., & Moilanen, I. 2002 Some aspects of treatment and habilitation of children and adolescents with autistic disorder in northern-Finland. *International Journal of Circumpolar Health*, 61 (Suppl. 2), 69-79.

Koelsch, S., & Siebel, W.A. 2005 Towards a neural basis of music perception. *Trends in Cognitive Sciences*, 9, 578-584.

Meltzoff, A.N. 1999 Origins of theory of mind, cognition, and communication. *Journal of Communication Disorders*, 32, 251-269.

Meltzoff, A.N., & Moore, M.K. 1977 Imitation of facial and manual gestures by human neonates. *Science*, 198, 75-78.

Mithen, S. 2005 *The Singing Neanderthals: The Origins of Music, Language, Mind, and Body*. Cambridge: Harvard UniversityPress. 熊谷淳子（訳）2006　歌うネアンデルタール─音楽と言語から見るヒトの進化　早川書房

Nakata, T., & Trehub, S.E. 2004 Infants' responsiveness to maternal speech and singing. *Infant Behavior and Development*, 27, 455-464.

Robinson, C.W., & Sloutsky, V.M. 2004 Auditory dominance and its change in the course of development. *Child Development*, 75, 1387-1401.

Schellenberg, E.G., & Hallam, S. 2005 Music listening and cognitive abilities in 10- and 11-year-olds: The blur effect. *Annals of New York Academy of Sciences*, 1060, 202-209.

Schellenberg, E.G., Nakata, T., Hunter, P.G., & Tamoto, S. 2007 Exposure to music and cognitive performance: tests of children and adults. *Psychology of Music*, 35, 5-19.

Schön, D., Boyer, M., Moreno, S., Besson, M., Peretz, I., & Kolinsky, R. 2008 Songs as an aid for language acquisition. *Cognition*, 106, 975-983.

引用・参考文献

Taga, G., Asakawa, K., Hirasawa, K., & Konishi, Y. 2003 Homodynamic responses to visual stimulation in occipital and frontal cortex of newborn infants: a near-infrared optical topography study. *Early Human Development*, 75 (Suppl), S203-S210.

Trainor, L.J., & Heinmiller, B.M. 1998 The development of evaluative response to music: infants prefer to listen to consonance over dissonance. *Infant Behavior and Development*, 21, 77-88.

Trainor, L.J., & Zacharias, C.A. 1998 Infants prefer higher-pitched singing. *Infant Behavior and Development*, 21, 799-805.

Trehub, S.E. 2003 The developmental origins of musicality. *Nature Neuroscience*, 6, 669-673.

Wigram, T., Pedersen, I.N., & Bonde, L.O.（Eds.） 2002 *A comprehensive guide to music therapy: Theory, clinical practice, research and training*. London: Jessica Kingsley Publishers.

人名索引

●A
Ames, C.　96
Anderson, D.I.　7
荒木友希子　81
アスペルガー，H.　123
Atkinson, J.W.　89-91, 99, 100

●C
Campos, J.J.　3
Carson, R.　127
Colborn, T.　127
Covington, M.V.　79, 80
Crespi, L.P.　68

●D
Deci, E.L.　69, 101, 102
Dweck, C.S.　78, 93-96

●E
Eisenberg, N.　19

●F
Ferster, C.B.　61

●G
Galton, F.　33, 36

●H
Harlow, H.F.　45
Harris, J.R.　2
Heckhausen, H.　11
Herrnstein, R.J.　67
Hess, E.H.　41
Hoffman, M.L.　9, 21

●J
Jensen, A.R.　38

●K
Kagan, J.　11

Kanner, L.　110
Kelley, H.H.　92
Kohlberg, L.　17
桑原正修　71

●L
Lepper, M.R.　102
Lorenz, K.　40

●M
牧 郁子　77
Maslow, A.H.　89
松本明生　71
McClelland, D.C.　89, 90
三木かおり　95, 97
モーツァルト，W.A.　173
Murray, H.A.　89, 90, 92, 100, 102

●N
グエン・ドク　125
グエン・ベト　125
Nicholls, J.G.　79

●O
大日向雅美　48
大河内浩人　71
Omelich, C.L.　79

●P
Piaget, J.　16

●R
Rosenzweig, M.R.　42

●S
Saarni, C.　7
Sears, R.R.　45
Seligman, M.E.P.　74
Selman, R.L.　22
柴崎全弘　71
Skinner, B.F.　61
Stern, W.　38
Stipek, D.　11

●T
高橋美保　71
高塩純一　9
Turiel, E.　14

人名索引

● W

Watson, J.B.　　34
Weiner, B.　　93

● Y

山内弘継　　95, 97

事項索引

●あ
ICD-10（International Classification of Diseases-10）　156
愛着　45
赤ちゃん学　161
赤ちゃん学の知見に基づく音楽療法（BSMT）　161
アスペルガー症候群（asperger syndrome）　113, 124
アンダーマイニング効果　69

●い
いじめ　177, 186
遺伝説（生得説）　35
移動訓練　9
インターネット　186

●え
FR スケジュール　61
FI スキャラップ　130
FI スケジュール　62, 130
エンハンシング（enhancing）効果　102

●お
オープン・フィールド　129
オペラント行動　55
オペラント条件づけ（operant conditioning）　55
音韻意識（phonological awareness）　118
音楽ソーシャルスキルトレーニング　169
音楽てんかん　172
音楽療法　159

●か
外発的動機づけ　69, 88
解明欲求　92
学習　52
学習環境（Learning Environment）　91
学習障害（Learning Disorders / Disabilities; LD）　116, 124
学習性無力感　76
家系研究　36
過剰な正当化効果　69
家族療法　171
楽器　168
カネミ油症　125
枯れ葉剤　125
感覚間相互作用　161
環境閾値説（相互作用説）　38
環境エンリッチメント（豊かな環境）　42
環境説（経験説）　33
環境の整え方　152
環境ホルモン　128
観察学習　57
慣習領域　14
感情コミュニケーション　7

●き
帰属　92
機能的な発達　3
木登り課題　22
強化（reinforcement）　55, 149
強化子（reinforcer）　55, 149
強化スケジュール　61
共感覚　161
共感性　9, 21
恐怖症　54

●く
クレスピ効果　68
クロスモダル（crossmodal）　161

●け
原因帰属理論　92, 93
言語　164

●こ
高機能自閉症　113
向社会的行動　19
甲状腺ホルモン　128
行動　86
行動解析　166
行動心理学　86
行動の観察　146
行動の記録　146
行動療法　54
広汎性発達障害（Pervasive Developmental Disorders; PDD）　110, 163, 166
刻印づけ（刷り込み）　40

199

事項索引

コクランライブラリー（Cochrane Library） 158
心の理論 112
こだわり 166, 167
固定感覚強化 62
固定的知能観 94, 95
固定比率強化 61
古典的条件づけ（classical conditioning） 53
個別音楽療法 159
コミュニケーション 163, 165, 168
根拠に基づく医療（Evidence-based medicine; EBM） 158
困惑 11

● さ ─────
罪悪感 11, 26
三歳児神話 32, 48

● し ─────
自己価値 82
システム論 176
持続的属性（disposition） 92
失語症 164
失敗回避傾向 91
失敗恐怖 90
自閉症（autism） 110
自閉症障害 165
自閉症スペクトラム障害（autism spectrum disorders） 110
社会的隔離 45
社会的感情 11
社会的参照（social reference） 6
社会的動機づけ 87
集団音楽療法 159
習得目標 94, 95
熟達目標構造 95, 97
受動的音楽療法 159
馴化（habituation） 52
消去 54, 56, 61, 135
条件刺激（conditioned stimulus; CS） 54
条件反応（conditioned response; CR） 54
承認欲求 100
初期学習 40
初期経験 40
自律的な道徳 17
新奇選好 165
神経新生 43
新生児模倣 162

● す ─────
遂行目標 94, 95
遂行目標構造 95, 97
随伴性 76
スキナー箱 56

● せ ─────
成功確率 99
成功願望 90
成功接近傾向 91
正の強化子 55
生理的動機づけ 87
セルフ・コントロール 63

● そ ─────
双生児法 36
増大的知能観 94, 95
ソーシャルスキルトレーニング（SST） 169

● た ─────
ターゲット検出課題 136
ダイオキシン 125
胎児性水俣病 125
対比効果 68
耐容摂取量（Provisional Tolerable Weekly Intake; PTWI） 138
代理強化 57
代理母 45
達成動機 90
達成動機づけ 89, 91, 98
達成動機づけ理論 89
達成目標理論 92, 93
達成欲求 89
他律的な道徳 17

● ち ─────
注意（アテンション，attention） 165
注意欠陥多動性障害（Attention Deficit/Hyperactivity Disorder; ADHD） 114, 124, 162, 168
聴覚過敏 172

● て ─────
TEQ（Toxic Equivalents） 126
DSM-Ⅳ-TR（Diagnostic and Statistical Manual of Mental Disorder, 4th Edition, Text Revision） 156
ディスレキシア（dyslexia） 117
Differential Reinforcement of Long Latency

事項索引

　　　　（DRLL）　135
てんかん発作　172

●と
動機づけ（motivation）　87
同質の原理　173
統制可能性　81
道徳的行動　15
道徳判断　15
道徳領域　14
トークン強化子　150
読字障害（reading disorder）　117
努力　79

●な
内在性　81
内発的動機づけ　69, 88
内分泌攪乱化学物質　128

●に
認識欲求　92

●の
脳性まひ　9
能動的音楽療法　159
脳波異常　172

●は
バースト反応　135
背向型の原理　152
ハインツのジレンマ　17
パヴロフ型条件づけ　53
パヴロフの犬　53
恥ずかしさ　11
バックアップ強化子　150
発達障害　156, 157
発達障害者支援法　107
般化　54, 57

●ひ
PCB　129
ビジュアルクリフ（視覚的断崖）　4
ビテロジェニン（vitellogenin）　128
評価　98

●ふ
VRスケジュール　62
VIスケジュール　62
VLF（Voices of Love and Freedom）プログラム　30
Fixed Interval（FI）　132
フォローアップ　153
輻輳説　38
不登校　180
不登校児童生徒　180
負の強化子　55
部分強化　61

●へ
ペアレント・トレーニング（親訓練）　141
変動間隔強化　62
変動比率強化　62
弁別刺激　56

●ほ
放射状迷路　131
報酬の遅延　64
誇り　11

●ま
マッチングの法則　67

●む
無条件刺激（unconditioned stimulus; US）　54
無条件反応（unconditioned response; UR）　54
無力感　94

●め
メス化　128
メチマゾール（methimazole）　132

●も
目標構造　96
目標行動　144
模倣　162, 163, 168
モリス型水迷路　43

●や
役割取得能力　22
やる気　89, 98

●ゆ
優等生の息切れ型　180
誘導的しつけ　27
有能さ　94

201

事項索引

● よ
欲求階層構造　89
欲求理論　89

● り
臨界期　42

● れ
連続強化　61

● 執筆者一覧（執筆順）＊印は編者

＊内山伊知郎	同志社大学心理学部	
	（同志社大学こころの生涯発達研究センター　センター長）	第1章
石川隆行	宇都宮大学教育学部	第2章
柳井修一	東京都健康長寿医療センター研究所	第3章
＊青山謙二郎	同志社大学心理学部	第4章
＊田中あゆみ	同志社大学心理学部	
	（同志社大学こころの生涯発達研究センター　事務局長）	第5章
三木香織	元聖母女学院短期大学児童教育学科	第6章
細川　徹	東北大学大学院教育学研究科	第7章
和田博美	北海道大学大学院文学研究科	第8章
興津真理子	同志社大学心理学部	第9章
呉　東進	京都大学大学院医学研究科	第10章
高田みぎわ	同志社大学心理学部	第11章

子どものこころを育む発達科学
――発達の理解・問題解決・支援のために――

2008年5月20日　初版第1刷発行　　定価はカバーに表示
2018年7月20日　初版第6刷発行　　してあります。

編　著　者　　内　山　伊知郎
　　　　　　　青　山　謙二郎
　　　　　　　田　中　あ ゆ み
発　行　所　　㈱北大路書房
　　　　〒603-8303　京都市北区紫野十二坊町12-8
　　　　　　　電　話　(075) 431-0361 ㈹
　　　　　　　FAX　　(075) 431-9393
　　　　　　　振　替　01050-4-2083

Ⓒ 2008　　印刷・製本／亜細亜印刷㈱
　　　　　検印省略　落丁・乱丁本はお取り替えいたします。
ISBN978-4-7628-2605-4　　Printed in Japan

・ JCOPY 〈㈳出版者著作権管理機構 委託出版物〉
本書の無断複写は著作権法上での例外を除き禁じられています。
複写される場合は，そのつど事前に，㈳出版者著作権管理機構
（電話 03-3513-6969,FAX 03-3513-6979,e-mail: info@jcopy.or.jp）
の許諾を得てください。